OS MESTRES DO YOGA

Editora Appris Ltda.
1.ª Edição - Copyright© 2020 dos autores
Direitos de Edição Reservados à Editora Appris Ltda.

Nenhuma parte desta obra poderá ser utilizada indevidamente, sem estar de acordo com a Lei nº 9.610/98. Se incorreções forem encontradas, serão de exclusiva responsabilidade de seus organizadores. Foi realizado o Depósito Legal na Fundação Biblioteca Nacional, de acordo com as Leis nos 10.994, de 14/12/2004, e 12.192, de 14/01/2010.

Catalogação na Fonte
Elaborado por: Josefina A. S. Guedes
Bibliotecária CRB 9/870

T591m 2020	Tinoco, Carlos Alberto Os mestres do yoga / Carlos Alberto Tinoco. - 1. ed. – Curitiba : Appris, 2020. 219 p. ; 23 cm. – (Artêra). Inclui bibliografias ISBN 978-85-473-4616-4 1. Yoga. 2. Filósofos – Índia. 3. Filosofia indiana. I. Título. II. Série. CDD – 204

Livro de acordo com a normalização técnica da ABNT

Appris
editora

Editora e Livraria Appris Ltda.
Av. Manoel Ribas, 2265 – Mercês
Curitiba/PR – CEP: 80810-002
Tel. (41) 3156 - 4731
www.editoraappris.com.br

Printed in Brazil
Impresso no Brasil

Carlos Alberto Tinoco

OS MESTRES DO YOGA

FICHA TÉCNICA

EDITORIAL	Augusto V. de A. Coelho
	Marli Caetano
	Sara C. de Andrade Coelho
COMITÊ EDITORIAL	Andréa Barbosa Gouveia (UFPR)
	Jacques de Lima Ferreira (UP)
	Marilda Aparecida Behrens (PUCPR)
	Ana El Achkar (UNIVERSO/RJ)
	Conrado Moreira Mendes (PUC-MG)
	Eliete Correia dos Santos (UEPB)
	Fabiano Santos (UERJ/IESP)
	Francinete Fernandes de Sousa (UEPB)
	Francisco Carlos Duarte (PUCPR)
	Francisco de Assis (Fiam-Faam, SP, Brasil)
	Juliana Reichert Assunção Tonelli (UEL)
	Maria Aparecida Barbosa (USP)
	Maria Helena Zamora (PUC-Rio)
	Maria Margarida de Andrade (Umack)
	Roque Ismael da Costa Güllich (UFFS)
	Toni Reis (UFPR)
	Valdomiro de Oliveira (UFPR)
	Valério Brusamolin (IFPR)
ASSESSORIA EDITORIAL	Renata Cristina Lopes Miccelli
REVISÃO	Renata Cristina Lopes Miccelli
PRODUÇÃO EDITORIAL	Lucas Andrade
DIAGRAMAÇÃO	Daniela Baumguertner
CAPA	Carlos Eduardo Pereira
COMUNICAÇÃO	Carlos Eduardo Pereira
	Débora Nazário
	Karla Pipolo Olegário
LIVRARIAS E EVENTOS	Estevão Misael
GERÊNCIA DE FINANÇAS	Selma Maria Fernandes do Valle

Ao meu muito querido filho, Arjan Goes Tinoco, cujo olhar espelha a candura e a mansidão dos olhos da sua mãe, Lucimar Paula de Goes Tinoco, minha falecida esposa. A vocês dedico este livro.

Curitiba, primavera de 2019.

GAIATRY MANTRA

ॐ भूर्भुवस्वः ।
तत् सवितुर्वरेण्यं ।
भर्गो देवस्य धीमहि ।
धियो यो नः प्रचोदयात् ॥

Om bhūr bhuva svar
tat savitur varenyam
bhargo devasya dhīmahi
dhiyo yo nah prachodayāt

Om, Terra, ar, éter,
Pensemos naquele ardor desejável
do deus Savita; que ele possa
impulsionar os nossos pensamentos
(Rig Vêda, III, 62, 10)

PREFÁCIO

As contribuições literárias do professor Carlos Alberto Tinoco ao Yoga no Brasil têm sido significativas para uma consciência da amplidão e singularidade do tema. As traduções de textos são de fundamental importância para uma compreensão mais profunda do Yoga. "As *Upanishads*", "As *Upanishads* do *Yoga*", "*Shiva Samhita*", "*Gerandha Samhita*" são demonstrações de um escritor comprometido em trazer à luz aspectos filosóficos e técnicos de uma senda espiritual ainda pouco conhecida em nosso país.

O professor Tinoco brinda-nos com textos, tais como "Contribuições do *Yoga* à educação no Brasil" e "História das filosofias da Índia", que abordam o tema com abrangência e acurada pesquisa. Em suas obras, Tinoco preenche uma lacuna, contribuindo significativamente para que nossa visão do *Yoga* seja pautada por um olhar que possa perceber as diversas facetas que compõem o mosaico dessa senda espiritual, desde aspectos históricos e filosóficos até elementos técnicos e literários. Assim, apesar da abrangência do tema, podemos nos fundamentar com conhecimentos indispensáveis para uma prática e ensino do Yoga de forma consistente, clara e com consciência de seus diversos domínios. Toda essa contribuição do professor Tinoco é de grande importância para a solidificação do Yoga no Brasil e uma singular colaboração para o que necessitamos em termos de cura de nossos *koshas* ou envólucros, em busca de uma saúde mais plena, e principalmente para a elevação e expansão da consciência.

O Yoga tem como objetivo fundamental o estado de *moksha* ou *kaivalya*, a libertação dos ciclos de morte e renascimento e, para tanto, uma longa e árdua jornada se faz necessária. Conhecimentos da mesma natureza daqueles que o professor Tinoco nos traz são fundamentais para uma compreensão mais clara e profunda das etapas que compõem esse caminho e nos elucidam com elementos que podem dissipar as dúvidas e nos fazer perceber os procedimentos e soluções necessários dessas diversas etapas.

Na presente obra, o professor Carlos Alberto Tinoco presenteia-nos com um texto que trata sobre os grandes *yogues* e seus feitos. Envoltos na vida desses grandes expoentes do *Yoga* estão seus ensinamentos, de forma explícita ou implícita, em meio às entrelinhas. Os *sadhanas* desses grandes mestres, suas interpretações acerca da filosofia do *Yoga*, suas peregrinações, os relatos sobre como atingiram o *dharma mega samadh*i, como transmitiram seus ensinamentos, as instituições que fundaram, todas essas informações concisas e aprofundadas nesta obra são elementos que motivam e inspiram os *yogues* atuais a buscarem seus desenvolvimentos espirituais, sua jornada para tornar consciente e constante a união entre *Jivatman* e *Paramatman*. Os relatos nos fazem conhecer desde a vida cotidiana desses *yogues* até como acessaram *Atman*, a natureza divina que a tudo permeia.

O detalhamento da vida desses grandes mestres do Yoga nos inspira por mostrar como esses mantiveram o foco no Espírito nas mais diversas situações, como foi a dedicação de cada um para atingir estados elevados de consciência, como superaram dificuldades no caminho espiritual, como se deu o altruísmo em suas vidas – aspecto fundamental em uma vida espiritual madura.

A importância da obra de Tinoco está também no fato de reunir informações sobre grandes mestres do Yoga em um só texto, possibilitando uma visão mais ampla e profunda de suas vidas, e trazendo aspectos mais detalhados de suas experiências espirituais.

Lembremos que mesmo encontrando visões e práticas paradoxais entre esses grandes expoentes do Yoga, o que fundamenta as suas jornadas espirituais é o *Sanatana Dharma*, uma lei natural infinita sem começo. Em outras palavras, as verdades espirituais reveladas pelos grandes mestres já eram existentes nos registros *akashicos* antes de serem descobertas. Portanto a aparente diferença existente entre sendas e mestres espirituais são como corais de um imenso arrecife que o colorem e embelezam, mas o *Sanatana Dharma* é como o mar que a tudo permeia sempre existente, eterno e uno. Tudo o que estiver em harmonia com o *Sanatana Dharma* estará em comunhão com o Absoluto, *Brahman*, realizando o objetivo último da existência: *Yoga* ou a união da consciência individual com a consciência cósmica.

Manaus, 5 de julho de 2018.

Ricardo Berwanger Franco de Sá

Mestre em Antropologia Social pela UFAM e coordenador do Yoga Ashram Amazônia.

APRESENTAÇÃO

Este pequeno livro apresenta uma pesquisa sobre o Yoga e os seus principais mestres, do Oriente ao Ocidente, principalmente os da Índia.

Em essência, este livro não apresenta novidades. Destina-se aos professores e aos praticantes do Yoga interessados em rever os nomes e as biografias resumidas dos principais mestres do Yoga, estes escolhidos sem um critério, apenas seguindo a intuição deste autor que vos fala.

Mesmo que esses mestres sejam bastante conhecidos, creio que vale a pena escrever sobre eles, uma vez que militam ou militaram em vários ramos do Yoga, tais como: o Hatha Yoga, o Raja Yoga, o Kriyia Yoga e outras vias.

É importante assinalar que algumas das informações sobre alguns dos mestres aqui citados foram extraídas de dados encontrados na internet[1]. Portanto, trata-se de uma compilação de nomes de mestres do Yoga constantes de fontes diversas. Os demais foram fruto de minhas pesquisas em outras fontes de informação, logo informo a você, leitor, que os dados constantes neste livro são de minha inteira responsabilidade.

Curitiba, inverno de 2017.

Carlos Alberto Tinoco.

---

[1] Os textos aqui apresentados foram extraídos ou baseados em pesquisas feitas no site Wikipédia. Disponível em: https://pt.wikipedia.org/wiki/Wikip%C3%A9dia:P%C3%A1gina_principal.

SUMÁRIO

INTRODUÇÃO 17

1
OS MESTRES DO YOGA NA ÍNDIA 21
    Os Vratyas 21
    Patañjali 23
    Vyasa 27
    Abhinava Gupta 28
    Matsyendra Nath 32
    Goraksha Nath 34
    Rei Bhoja 38
    Vijñana Bhiksu 40
    Ramananda Sarasvatî 41
    Svâtsmârâma Yogendra 41
    Sri Tirumalai Krishnamacharya 43
    Paramahansa Ramakrisna 47
    Swami Vivekanada 55
    Swami Harirananda Âranya 63
    Sri Jnānadeva 65
    Paramahansa Harirananda 66
    Shri Chinmoy 70
    Swami Tilak 73
    Ramana Mahashi 75
    Mahavatar Bábaji 81
    Paramahansa Yogananda 83
    Sri Yukteswar Giri 87
    Lahiri Mahasaya 89
    Giri Bala 91
    Nagendra Nath Baduri 92
    Swami Kebalanada 93
    B.K. S. Iyengar 94
    Bhagavan Nityananda 96
    Osho Rajneesh 99
    Swami Satyananda Sarasvati 100

Dr. Manohar Laxman Gharote 101
Swami Muktanada 103
Gurumay Chidvilasanda 106
Swami Lakshman Jou 108
Swami Vishnu Devananda 111
Swami Rama 112
Swami Brahmanada 113
Swami Premanada 116
Swami Abhedanada 119
Mahashi Manesh Yogue 121
Shrii Shrii Anandamurti 124
Shri Aurobindo Ghose 126
Swami Pareshananda 128
Pattabhi Jois 129
Swami Shivananda 129
Bijoy Krishna Goswami 133
Swami Dayananda 135
Srila Prabhupada (Abhay Charanaravinda) 136
Jaiadeva 140
Swami Kuvalayananda 141
Swami Satchidananda Sarasvati 145
Jayadeva Yogendra 146
Gopi Krishna 149

2
OS GRANDES MESTRES DO YOGA NO OCIDENTE 153
Paul Brunton 153
David Frawley 155
Alain Danielou 159
Tara Michäel 162
Ram Dass 163
Swami Dharma Mitra 165
Arthur Avalon 166
Serge Raynaud de la Ferrière 167
Sharon Gannon e David Life 171
Donna Farhi 171
Ganga White 171
André Van Lysebhet 171

Alicia Souto 172
Indra Devi 173
Swami Shivanada Radha 176
Georg Feuerstein 178

3
PROFESSORES DE YOGA NO BRASIL 181
Shotaru Shimada 181
Dr. Marcos Rojo Rodrigues 183
Paulo Murilo Rosas 184
Glória Arieira 184
Mestre DeRose 184
Monserrat Rosa Fernandes 188
Jean-Pierre Bastiou 189
Cláudio Duarte 191
Neusa Maria Kutiansky de Araújo Santos 191
Carlos Eduardo Gonzales Barbosa 191
José Hermógens de Andrade Filho 192
Maria Augusta Erich de Menezes 192
Horivaldo Gomes 194
Isaltina de Araújo e Silva 194
Caio Miranda 195
Sevanada Swami 197
Swami Sarvanada 199
Gilberto Gaertner 200
Pedro Kupfer 202
Danilo Forghuieri Santaella 203

REFERÊNCIAS 205

ANEXO 207

INTRODUÇÃO[2]

ELEMENTOS FILÓFICOS DO *YOGA* CLÁSSICO

Para que se possa tratar de uma introdução aos aspectos filosóficos do *Yoga* Clássico, serão feitas abaixo algumas considerações sobre a divisão da sua filosofia.

O filósofo Jacob Bazarian[3] estabeleceu uma divisão da Filosofia:

ONTOLOGIA OU TEORIA DO SER

Estuda a origem, a essência e a causa do cosmo, da vida e do pensamento; e a relação entre o ser e o pensamento. Responde às perguntas: qual é a realidade essencial: o ser ou o pensamento? Qual a origem e a essência do cosmo e da vida humana? Quem somos? De onde viemos? Na Filosofia Clássica, essas questões eram estudados pela Metafísica Geral.

GNOSIOLOGIA OU TEORIA DO CONHECIMENTO

Estuda a origem, a essência e a validade do conhecimento. Responde às perguntas: o que podemos conhecer? O que é o conhecimento? Existe a Verdade? Como podemos conhecê-la? Qual é o critério da Verdade? Qual é o valor dos nossos conhecimentos?

AXIOLOGIA OU TEORIA DOS VALORES

Estuda a origem, a essência e a evolução dos valores existenciais e indica os princípios da ação. Responde às perguntas: qual o valor das coisas? Como devemos agir? O que devemos fazer? Como devemos nos comportar? O que devemos esperar? Para onde vamos? Qual é o sentido da vida? Qual é o destino da humanidade?

---

[2] Texto baseado em capítulo do livro *Contribuições cdo Yoga à educação no Brasil: um encontro com os grandes yogues brasileiros*, de Carlos Alberto Tinoco (Appris, 2016).
[3] BAZARIAN, Jacob. **O Problema da Verdade**. São Paulo: Símbolo, 1980. p. 39-40.

Essas três partes Filosofia estão intimamente relacionadas. Assim, para resolver problemas Ontológicos e Axiológicos (existenciais e metafísicos) precisa-se de uma Gnosiologia capaz de indicar o melhor caminho para se consegui o conhecimento verdadeiro sobre aquilo que se investiga. Para se resolver problemas Gnosiológicos, é necessário armar-se de uma Axiologia e de uma Ontologia capazes de enfrentar os problemas gnosiológicos. Para se enfrentar problemas Axiológicos, por sua vez, uma Gnosiologia e Ontologia claras são necessárias.

É importante salientar que o *Yoga* admite a existência de duas consciências: *chitta* e *chit*. *Chitta* é a consciência individual, o ego, aquilo que nos dá a ilusão de que somos um indivíduo. *Chit* é uma consciência transpessoal, uma consciência que somente é percebida quando *chitta* deixa de funcionar, quando param os pensamentos e emoções.

Quais as bases de uma Filosofia do Yoga Clássico?

Para responder a essa pergunta, alguns versos do Yoga Sutra de Patañjali[4] são bem-vindos: "I.2.Yoga é a inibição das modificações da mente (Yoga Chitta-Vritti Nirodhah)". Nesse *sutra*, Patañjali deixa claro que o estado de Yoga começa quando as atividades da consciência individual são inibidas, ou seja, deixam de existir. Assim, para Patañjali, Yoga é um estado de consciência, um estado mental no qual a consciência individual, o Ego, tem suas atividades inibidas.

"I.3. Então, o vidente está estabelecido em sua natureza essencial e fundamental. (Tada Drastuh Sraupe Vasthanam)". Nesse sutra, Patañjali diz que quando cessa a atividade de chitta, o praticante do *Yoga*, chamado de "vidente", estabelece-se na sua natureza essencial ou fundamental.

"I.4. Nos outros estados existe assimilação (do vidente) com as modificações da mente (VrttiSarupyam Itaratra)". Nesse sutra, *Patañjali* diz que, caso não sejam cessadas as atividades da mente ou de *chitta*, o praticante de *Yoga* confunde-se com os seus próprios pensamentos. Em outras palavras, o praticante de *Yoga*, quando não consegue parar as atividades da mente, confunde-se com elas, passa a admitir que são essas as atividades mentais.

Dessa forma, está clara uma posição ontológica do Yoga Clássico. Para Patañjali, o ser humano não é apenas o seu corpo ou os seus pensamentos.

---

[4] TAIMNEI, I. K. **A Ciência do Yoga**. Brasília: Teosófica, 1996. p. 19-24.

O ser humano, em essência, é o que se situa além dos pensamentos, além da atividade de chitta. Em outras palavras, a natureza do ser humano é metafísica.

Nos versos acima, também se pode perceber uma Gnosiologia. Para Patañjali, o conhecimento da Verdade acontece quando o praticante alcança a cessação da mente, de chitta. Cessada a atividade da mente ou da consciência pessoal, aparece *chit*, ou seja, uma consciência transpessoal. Nesse estado, o praticante conhece a Verdade.

Isto é uma Gnosiologia

"II.29.Auto-restrições (Yamas), observâncias (Nyamas), posturas (Asanas), controle da Respiração (Pranayamas), abstração (Pratiaraha),concentração (Dharana), meditação (Dhyana) e êxtase (Samadhi), são as oito partes (da autodisciplina do Yoga) (Yama-Nyamasana-Pranayama-Pratyraha-Dharana-Dhyana-Samadhi Satv Angani)". Nesses versos, Patañjali estabelece os seus oito passos do seu sistema de *Yoga*, também conhecido como Asthanga Yoga ou Yoga de oito passos.

"II.30.Os votos de auto-restrições (Yamas), compreende a abstenção de violência (Ahimsa), de falsidade (Satya), de roubo (Asteya), de incontinência (Brahmacharya) e de cobiça (Apariigraha) (Ahimsa-Satyaasteya-Brahmacharyaparigraha Yamah)". Como se pode perceber, o sutra descreve um verdadeiro código de ética, dizendo como o praticante de Yoga deve se comportar.

Isto é uma Axiologia

"II.31.Estes (os cinco votos) independem de classe, lugar, tempo ou ocasião e, estendendo-se a todos os estágios, constituem o Grande Voto (Jati-Desa-Kala-SamayanavacchinnahSarvabhauma Maha Vrata)". Aqui, Patañjali diz que o código de ética por ele estabelecido, constitui o que ele chama o Grande Voto, ou seja, a condição fundamental para qualquer pessoa ingressar no Yoga.

Pelo que foi visto até aqui, de modo muito resumido, os sutras escritos por Patañjali constituem elementos a uma Filosofia do Yoga Clássico.

1

OS MESTRES DO YOGA NA ÍNDIA

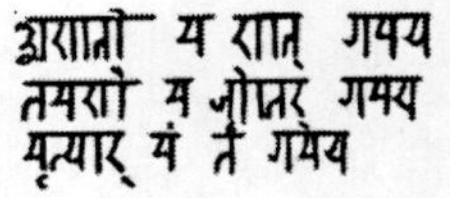

अरानो य रात् गमय
तमसो म जोतर गमय
मृयार् य ते गमेय

Asatô Ma Sat Gamayâ
Tamasô Ma Jiotyr Gamayâ
Mrtior Mam'ritam Gamayâ
Om, Shanti, Shanti, Shanti

Do irrel, Conduza-me ao Real
Das trevas, Conduza-me à Luz
Da morte, Conduza-me à Imortalidade
(Brhadaranyaka Upanishad, I, 3, 28)

Os Vratyas

São citados no Atharva Vêda como místicos e andarilhos. Segundo estudiosos, eles praticavam uma espécie de retenção da respiração, visando a alcançar estados alterados de consciência. Eram Yogues primitivos que vagavam pela Índia antiga.

As pessoas que nasceram duas vezes (Brahmins, Kshatriyas e Vaisyas) engendram mulheres de suas próprias classes, mas que omitem os ritos prescritos e abandonaram o Gayatri, devem ser projetadas como Vratyas[5].

---
[5] DONINGER, Wendy; SMITH, Brian K. **The Laws of Manu.** London, 1991. p. 10-20; 234-250.

Vratya[6]

---

[6] https://tamilandvedas.com/tag/vratyas/.

Há referências aos Vratyas no Atharva Vêda (Atharva Vêda, livro XV, hino 1):

1. Havia um andarilho Vratya. Ele despertou Prajapati para a ação.

2. Prajapati viu ouro em si mesmo e o engendrou.

3. Esse tornou-se único, que se tornou distinto, que se tornou rico, que se tornou excelente, que se tornou Devoção, que se tornou o Santo Fervor, que se tornou a Verdade, uma vez que Ele era bom.

4. Ele cresceu, tornou-se grande, tornou-se Mahadeva.

5. Ele ganhou a devoção dos Deuses, Ele se tornou Senhor.

6. Ele se tornou Chefe Vratya. Ele segurou um arco, mesmo aquele arco de Indra.

7. Sua barriga é azul escuro, as costas dele são vermelhas.

8. Com azul escuro, ele envolve um rival detestado, com o vermelho afunda o homem que o odeia: assim, os teólogos dizem.

Quando seu grupo se tornava grande, eles próprios elegiam um líder que usava um turbante, carregava um chicote e uma espécie de arco. Parece-me que eles tinham um uniforme preto, podendo ser comparados aos Sidhas. Eles adoraram a Shiva, mas não seguiam os rituais. Os sacerdotes tamis ortodoxos os tratavam como párias.

Patañjali

Patañjali foi um sábio brâhmane que teria vivido entre 200 a.C e 200 d.C., na Índia.

Representação de Patañjali[7]

---
[7] Foto do autor.

Existem diversas lendas sobre Patañjali. Em uma delas é dito que ele seria uma encarnação da serpente Ananta ou Shesha, meio homem e meio serpente, que desejava ensinar Yoga, caindo dos céus nas palmas das mãos abertas de uma mulher chamada Gonikâ. A serpente Ananta pode ser vista na foto acima, que representa Patañjali encimado por uma cobra de sete cabeças.

O mais importante texto do Yoga é o Yoga Sutra, escritos por Patañjali. Sua composição é a seguinte:

Capítulo 1 – Samâdhi Pada, 51 versos: trata da definição do Yoga como um estado de consciência, da cessação das atividades da mente (chita vrit nirodâ); classifica as atividades da mente, dos 11 tipos de samâdhi (êxtases), sobre o Supremo Senhor (Ishvara) e os obstáculos para a obtenção do samâdhi.

Capítulo 2 – Sâdhana Pada, 55 versos: trata sobre o Kriya Yoga, sobre as perturbações da mente (Kleshas) como a causa do Karma, sobre as três forças que atuam no universo (Gunas), sobre os oito membros do Yoga, Yamas, Nyamas, sobre as posturas físicas (ásanas), a inversão dos sentidos (Pratyahara) e a concentração como fator de estabilização da mente.

Capítulo 3 – Vibhûti Pada, 56 versos: trata da definição de concentração, da meditação e do Samâdhi. Aborda a importância da concentração para a aquisição de poderes paranormais, descrevendo como se pode obter vários deles, e fala sobre o perigo das práticas mediúnicas e sobre os Prânas.

Capítulo 4 – Kaivalya Pada, 34 versos: trata sobre como se obtém poderes paranormais, sobre o Karma do Yogue, sobre os Samskaras e Varsanas (resíduos do passado que existem no inconsciente), sobre a Libertação Espiritual (Kaivalya) e sobre o Dharma Mega Samâdhi.

O caminho para se alcançar a Libertação Espiritual envolve uma mudança no estilo de vida, assim como práticas que levem ao controle das atividades da mente. Não faz sentido destacar, do Yoga, apenas algumas das suas práticas isoladas. Também não faz sentido seguir o conjunto de práticas do Yoga, mantendo uma visão ocidental a respeito da natureza do ser humano e da realidade.

O Yoga Sutra, por tratar da meditação, é o texto primário mais importante do Raja Yoga, ou Yoga Clássico sobre o Yoga.

Patañjali foi um adepto do Yoga, sendo considerado por alguns estudiosos como aquele que descreveu a composição do inconsciente humano composto por Varsas e Samskaras[8], e como pioneiro no estudo da consciência.

---
[8] Ver Anexo 1, Yoga Sutra, verso I, 18.

Ao se ler o Yoga Sutra, é possível perceber com alguma atenção, certa influência budista. Isso pode ser possível, uma vez que Patañjali viveu em um período da história da Índia no qual o budismo exercia grande influência.

Quase nada se sabe sobre Patañjali. Há quem o identifique com um famoso gramático que teria vivido no século II a.C. e que seria o autor do Mahâ-Bhâshya. A opinião mais aceita é a de que mestre e gramático seriam duas pessoas diferentes. Mas a Índia conhece além do gramático, vários outros Patañjalis.

Um exame do Yoga Sutra revela-nos que seu autor teria sido um compilador e um sistematizador. Ele reuniu no seu trabalho conhecimentos sobre o Yoga disponíveis no seu tempo, dando-lhes um aspecto unitário. O Yoga Sutra não comporta apenas uma interpretação. Ao se ler esse texto, tem-se a impressão de que se trata de apontamentos a serem desenvolvidos em sala de aula. É um texto complexo, telegráfico, contendo versos curtos de difícil interpretação. Cada vez que se lê o Yoga Sutra, dá-se interpretações diferentes sobre os mesmos versos. É provável que o seu autor tenha consultado obras que não sobreviveram até os dias atuais. Seu texto é uma composição sistemática que trata de definir quais são os elementos mais destacados da teoria e da prática do Yoga. Durante algum tempo, a escola de Patañjali era muitíssimo influente, pelo que se depreende das inúmeras citações feitas à sua obra.

O Yoga Sutra é dualista, admitindo a existência do Espírito (Purusha) e da Matéria (Prakritî). Como se sabe, a escola filosófica mais importante da Índia é a Advaita Vedanta, que aceita que tudo é Espírito, ou seja, tanto a realidade material quanto a realidade espiritual são o Absoluto Brahmân. Por essa razão, a escola de Patañjali não floresceu completamente na Índia.

Os primeiros versos do Yoga Sutra são:

I.1. Atha yogânushâsanam (Eis aqui, a lição sobre o Yoga);

I.2. Yogachittavrttinirodâ (O Yoga é a contenção dos turbilhoes da mente);

I.3. Tadâ drashthuh svarûpe'vasthanam (Então, (quando se faz essa contenção), o praticante vê a sua forma essencial (o Eu Trancendente);

I.4. Vrtti Sârûpya Itaratra (Em caso contrário, ele se considera como sendo os seus pensamentos).

Pela leitura do verso I.1, depreende-se que o Yoga está associado à mente e não ao corpo. Isso conduz a uma mudança do ponto de vista do "observador": é a consciência, e não a mente, que é a parte do ser humano que contempla as sensações, as ideias, os pensamentos, os sentimentos, sem envolver-se com eles, apenas os observando.

A palavra Sutra tem várias acepções. Seria um tipo de verso em sânscrito, um tipo de literatura sagrada da Índia ou fio que prende as contas de colar. Normalmente, são versos curtos, e o Yoga Sutra nos dá uma ideia de quanto esses são concisos.

Sobre o Yoga Sutra, foram escritos muitos comentários e, dentre eles, podem ser destatados os seguintes:

1. Yoga-Bhasya, cujo autor foi Vyasa – Século VII d.C.;

2. Tatva-Vaisharad, cujo autor foi Vacaspati Mishra – Século XII d.C.;

3. Raja Martanda, cujo autor foi o Rei Bhoja – Século XI d.C.;

4. Yoga-Varthika, cujo autor foi Vijñana Bhiksu – Século XVI d.C.;

5. Maniprabha, cujo autor foi Ramananda Sarasvati – Século XVII d.C.

A divisão do Yoga Sutra em capítulos é, de certa forma, arbitrária e parece ter se originado de uma má reorganização do texto. Um estudo atencioso aponta para o fato de que, em seu aspecto atual, o Yoga Sutra não poderia ser considerado uma elaboração uniforme. Por essa razão, alguns estudiosos estão tentando recompor a sua suposta forma primitiva. Essas tentativas, porém, não foram exitosas. Por isso, é preferível encarar o texto com um olhar mais compreensivo, admitindo que, ao contrário do que alguns estudiosos ocidentais pensam, ele seja, de certa forma, homogêneo.

Vyasa

O Yogabhashya é um comentário sobre o Yoga Sutra de Patañjali, tradicionalmente atribuído no discurso da tradição ao sábio Védico Vyasa, que se diz ter composto o Mahabharata. Alguns estudiosos acreditam que Vyasa é um comentador do 4º ou 5º século d.C.

O Yogabhashya afirma que Yoga, nos Yoga Sutras, tem o significado de "Samâdhi".

Abhinava Gupta

Acharya Abhinava Gupta de Abhinava Bharati[9]

---
[9] https://mediakron.bc.edu/worldphilosophy/abhinavagupta

Acharya Abhinava Gupta de Abhinava Bharati (950-1050 d.C.), filósofo do shaktismo e escritor, viveu em Cachemira, no norte da Índia. Segundo uma antiga lenda, Gupta fora desafiado por Sankara em Kamarup, o atual Guwahati, em Assam, que estabeleceu uma controvérsia acadêmica e o venceu. Abhinava sentiu muito a sua derrota, fezendo Sankara sofrer por meio de feitiços. Padmapada removeu todos os efeitos da magia negra e Sankara ficou bem novamente, indo aos Himalaias a fim de construir uma casa de orações em Joshi e um templo em Badri, ficando, então, por ali.

O mais importante livro escrito por Abhiva Gupta foi o *Tantra Aloka*. Há uma edição desse livro escrito em italiano, *Luce dei Tantra (Tantraloka)*, publicado pela Editora Adelphi, em Milão (1999).

Tantraloka é um texto tântrico que, dividido em 37 capítulos, apresenta práticas que utilizam o corpo para se atingir uma consciência mais elevada. O principal centro de energia no ser humano, de acordo com essa obra, é o coração. A consciência mais elevada é atingida pelo domínio da energia divina do coração associada à consciência do corpo. O coração é ao mesmo tempo Shiva e sua representação, é o guardião da consciência mais elevada e a realidade última. A conexão com Shiva exige não apenas o uso da mente, mas também do corpo. Abhinava Gupta expõe as práticas que podem levar ao desenvolvimento de uma nova consciência, de acordo com as doutrinas que apresenta.

Abhinava Gupta foi músico, poeta, dramaturgo, exegeta, teólogo e lógico indiano que exerceu grande influência na cultura da Índia medieval. Nasceu em uma família de sábios e místicos. Escreveu aproximadamente 35 livros, sendo o mais famoso o *Tantr Aloka*. Outro livro importante escrito por ele foi *Ahinavabhârati*, um comentário ao Nâtyasastra de Bharati Munin. O pensamento de Abhinava Gupta foi fortemente influenciado pela lógica budista.

O termo com o qual Abhiva Gupta define sua origem é Yoguinibhûr, que significa "nascido de Yoguini". No Shivaísmo da Cachemira e, especialmente, no Kaula Tantra, ele é considerado como "estabelecido na divina essência de Bhairava", em virtude da sua elevada intelectualidade e espiritualidade.

Sua mãe, a quem Gupta era muito ligado, chamava-se Vimâla ou Vimalakâ. Ela morreu quando Abhinava tinha 2 anos de idade. Seu pai, Narashima Gupta, após a morte da esposa, passou a ter uma vida ascética. Era adorador de Shiva. Ele foi o primeiro mestre do seu filho, instruindo-o em gramática, lógica e literatura.

Abhinava Gupta teve uma irmã e um irmão. Seu irmão se chamava Manoratha, também um devoto de Shiva. Sua irmã se chamava Ambâ. Abhinava Gupta refere-se ao seu discípulo Râmadeva, um devotado à leitura das escrituras sagradas e servidor do seu mestre. Seu primo se chamava Ksema.

Abhinava Gupta era famoso pela sua sede de conhecimentos. Teve vários mestres – talvez uns 15 ou mais, todos filósofos místicos e sábios – e uma aproximação com vaishnavas, budistas, Shivaístas Sidhantas e com a escola Trika. Dentre os seus mestres, ele enumera quatro, sendo dois os mais importantes: Vâmanâtha, que o instruiu no Shivaísmo Dualista e Bhûtitsjs, que o instruiu na escola dualista/ não dualista.

Abhinava Gupta permeneceu solteiro por toda a sua vida. Foi adepto do tantrismo Kaula e, como tal, usou a sua energia sexual conhecida por ojas, como fonte de poder do seu sistema nervoso nos seus trabalhos espirituais. Esses tipos de trabalhos envolvem a união entre Shiva e Shakti, ou seja, a subida da Kundalinî, desde o chakra muladhara até o chakra sahasrara, localizado no topo da cabeça. Isso ocorre, principalmente, em trabalhos tântricos de união sexual, sem derramamento do sêmen. Abhinava Gupta estudou assiduamente, durante 30 ou 35 anos, viajando dentro da Cachemira.

De acordo com o seu próprio testemunho, obteve a Libertação Espiritual por meio das práticas do tantrismo Kaula, mediante a orientação do seu mestre Shambhunâtha. Viveu com os seus discípulos e com a sua família em sua casa, não se tornando um monge mendicante, mas vivendo sua viva como escritor e professor.

Como já dito, seu principal livro foi o famoso Tantra Aloka, que significa "Luz do Tântra", uma síntese do sistema tântrico Trika. Outro importante livro foi o comentário sobre o Paratrisika, intitulado *Parâtrashikavivara*, que detalha o significado das ordens dos sistemas Mâtrka e Mâlini.

O Tantrasâra (Essência do Tântra) é em prosa do Tantra Aloka., o qual, por sua vez, resumido no Tantraccaya e, finalmente, apresentado em um sumário muito pequeno, denominado Tantravatadhânika, que significa "A Semente do Tântra".

O Purvapañcika foi um comentário ao Pûrvatantra, perdido até os dias atuais. O Mâlinivijayâ-Vartika (Comentário ao Mâlinîvijaya) é um comentário em verso do Mâlinîvijaya Tantra. O Bhagadgitartha-Samgraha é um comentário ao Bhagavad Gitâ.[10]

---

[10] Tradução ao inglês: MARJANOVIC, Boris (trad.). **Abhinavasgupta's Commentary on the Bhagavad Gita (Gita Samgraha)**. Indika. Delhi. 2002.

Outros trabalhos religiosos são: Parâtrîshika-Laghuvrtti, um curto comentário ao Parâtrîshika (Cinquenta Versos sobre a Realidade Última); o Rahasyapañdashika (Cinquenta Versos sobre a Doutrina Mística); o Laghvî Prakriyâ, que significa "Pequenas Cerimônias"; o Devîstotraviyrana, que significa "Comentários sobre o Hino à Devi"; e o Paramârthasâra, que significa "Essência da Suprema Realidade".

O mais importante trabalho de Abhnava Gupta sobre filosofia foi o Abhinayabhâratî, um longo comentário ao Natya Shastra de Bharata Muni. Esse trabalho tem sido uma das mais importantes contribuições para a fama de Abhinava Gupta até os presentes dias.

Outro trabalho poético inclui o Ghata-Karpara-Kulaka-Vivrti, um comentário – "Comentário ao Maravilha dos Poetas" – ao Ghatakarpara, de Kalidasa, o Kavyakautukavivarama, um trabalho de Bhatta Taura, agora perdido e o Dhvanyâlokaloka, que significa "Ilustrações de Dhyanlokaloka".

Abhinava Gupta também nos apresenta uma linha de unidade entre as diferentes tendências dentro da tradição do Shivaímo da Cachemira, unindo-as sob a filosofia Trika ou Pratyabhijñā. No tempo de Abhinava Gupta, o Shivaismo da Cachemira possuía quatro sub-tradições principais: as escolas Spanda, Krama, Kula e Pratyabhijñā. A escola Spanda enfatiza o aspecto dinâmico da Consciência, tecnicamente chamada spanda ou kriyā. Ela enfatiza a atividade espontânea da consciência como um meio de realização do Ser. A escola Krama, enfoca passos sucessivos de manifestação do Ser ou Shiva. A escola Kaula, por sua vez, enfatiza a união de Shiva e Shakti simbolicamente representados na união entre homem e mulher, buscando a autorrealização por intermédio daquilo que ficou conhecido como caminho da mão esquerda (vāma-mārga), que utiliza os "Cinco Ms" ou o ritual pañca-makāra. Especificamente, o quinto M é maithuna ou interação sexual (Matsya, Mansa, Mudrâ, Maithuna e Madhya- peixe, carne, cereais tostados e relação sexual).

Abhinava Gupta compôs vários hinos devocionais, tais como:
- Bodhapañcadaśikā – "Quinze Versos Sobre a Consciência";
- Paramārthacarcā – "Discussão Sobre a Suprema Realidade";
- Anubhavanivedana – "Um Tributo à Experiência Interna";
- Anuttarāṣṭikā – "Oito Versos Sobre Anuttara";
- Krama-stotra – Um hino diferente dos Textos Fundamentais da Escola Krama;

- Bhairava-stava – "Hino ao Bhairava";
- Dehasthadevatācakra-stotra – "Hino Para a Roda das Divindades que vivem no Corpo";
- Paramārthadvādaśikā – "Doze Versos Sobre a Suprema Realidade";
- Mahopadeśa-viṃśatikā – "Vinte Versos Sobre o Grande Ensinamento";
- Another poem *Śivaśaktyavinābhāva-stotra* – "Hino Sobre a Inseparabilidade Entre Shiva e Shakti", este, porém, perdido.

Matsyendra Nath

Matsyendra Nath[11]

---
[11] https://en.wikipedia.org/wiki/Matsyendra

Matsyendra Nath teve os seguintes discípulos: Gorakshanath, Jalandharnath, Kanifnath (Kanhoba), Gahininath, Bhartrinath, Revan Nath, Charpatinath e Naganath. Pouco se sabe sobre a sua vida. Seu nome, talvez signifique "O Senhor do Peixe".

A tradição do Yoga associa a criação do Hatha Yoga a Goraksha Nath e ao seu mestre, Matsyendra Nath, ambos nascidos em Benares. No Tantraloka, Abhnava Gupta presta uma homenagem a Matsyendra Nath com seu guru, o que significa que Matsyendra Nath deve ter vivido antes da metade do século X d.C. Nath foi um dos maiores representantes, senão o criador, da linha de Yogues chamada Nathismo. A palavra "Natha" significa "Senhor". Os membros dessa seita são considerados imortais que vagam pelas regiões do Himalaia. Matsyendra Nath é considerado, dessa maneira, a divindade protetora de Katmandu sob a forma de Shveta Matsyendra (Matsyendra Branco), cuja essência transcendente é o Bodhidsatva Avaloktesvara.

Matsyendra Nath (Senhor do Peixe) – "Matsya" significando "peixe" e "Indra", "Senhor" – também é chamado de "Mîna" – que tem a mesma conotação. Pensam alguns estudiosos do Yoga que esse nome seja uma referência à sua profissão: pescador.

De acordo com o texto Kaula-Jñana-Nirmaya, "Verificação da Gnose Kaula", escrito por volta do século XI d.C., Matsyendra recuperou as escrituras Kaulas das entranhas de um peixe. Segundo algumas tradições, a pessoa que leva o nome de Matsyendra é aquela que dominou a prática de deter os movimentos da mente (chita) por meio do kechârî mudrâ, uma das técnicas do Hatha Yoga.

Ele está associado ao ramo Kaula do tantrismo e do movimento Sidha. Teria sido o criador do ramo Yoguine-Kaula. Kula ou Kaula seria a Realidade Superior na sua manifestação Kundalinî-Shakti. A palavra Kula ou Kaula significa "grupo", "família" ou "lar". De acordo com essa escola do tantrismo, Shiva é denominado Akula – que seria o princípio, aquele que está acima de toda a diferenciação. Matsyendra também é identificado no norte da Índia como Luipâ, mestre tibetano. A palavra Luipâ significa em tibetano "Aquele que Come as Entranhas dos Peixes".

De acordo com as tradições do Tibete dos 84 maha-sidhas, há o seguinte relato sobre Mîna Nâtha, que é o mesmo Matsyendra Nath: sendo um pescador, Nâtha passava a maior parte do seu tempo em seu barco, na baía de Bengala. Então, certo dia, ele teria fisgado um grande peixe que puxou a linha de pesca com força suficiente para o fazer cair no mar. Ele foi parar na barriga do peixe. Como tinha um bom Karma, Shiva, que estava à falar com sua esposa, Uma, teria indagado se ela ouvia o mesmo que ele, o que fez surgir das entranhas do peixe a palavra "sim". Usando seus poderes paranormais, Shiva adentrou com seu olhar o grande estômago do peixe e lá teria encontrado Mîna, que se tornou seu discípulo.

Goraksha Nath

Goraksha Nath[12]

---

[12] https://en.wikipedia.org/wiki/Gorakhnath

Goraksha Nath, um dos fundadores do movimento Natha, teria nascido entre a metade do século X e a primeira do século XI d.C. É considerado um dentre os dois maiores discípulos de Matsyendra Nath. De acordo com antigas lendas, em certa ocasião uma camponesa implorou a Shiva que lhe desse um filho homem. Sensibilizado pelas fervorosas orações daquela mulher, Shiva teria lhe dado cinzas mágicas para comer, o que lhe asseguraria a gravidez. Por ignorância, teria atirado fora aquelas cinzas em um monte de esterco. Transcorridos 12 anos, Matsyendra Nath escutou uma conversa entre Shiva e sua esposa, Pârvati. Desejando que a camponesa tivesse, por fim, um filho, Matsyendra Nath foi até a sua casa em visita. Constrangida pala sua desfeita, confessou o que fizera com as cinzas. Matsyendra Nath lhe ordenou que ela revirasse as cinzas, e, dessa forma, surgiu um menino de 12 anos de idade, a quem ela deu o nome de Goraksha, que significa "Protetor das Vacas".

Matsyendra Nath tornou-se o guru de Goraksha Nath e, tempos depois, este teria mais fama que o seu mestre. Lendas relatam que ele teria usado seus poderes paranormais para o bem estar do seu mestre.

Georg Feuerstein, no seu livro *A Tradição do Yoga*[13] relata o seguinte: "Em uma viagem ao Ceilão, Matsyendra Nath teria se apaixonado pela rainha do local. Ela o convidou para morar com ela no seu palácio e em pouco tempo, Matsyendra Nath estava completamente seduzido pela vida da corte. Quando Goraksha Nath tomou conhecimento da situação do seu mestre, foi resgatá-lo de imediato. Para tanto, assumiu a forma de uma mulher de modo a poder entrar no harém do rei, para confrontá-lo. Graças a intervenção oportuna do discípulo Matsyendra Nath voltou a si, tomando o caminho de volta para a Índia, levando consigo os seus filhos Parasnâth e Nimnâth".

Segundo Feuerstein[14], Goraksha Nath matou os filhos de Matsyendra Nath e, depois, devolveu-lhes a vida. Com toda certeza, essas lendas possuem um significado simbólico.

Goraksha Nath teria sido o maior dentre todos os taumaturgos. Era oriundo de uma classe social das mais baixas. Teria ingressado na vida ascética muito jovem, sendo celibatário por toda a sua vida. Parece ter sido um homem bastante belo e carismático, tendo viajado muito por toda a Índia. O sábio Kabir, um dos maiores poetas e santos da Índia,

---

[13] FEUERSTEIN, Georg. **A Tradição do Yoga**. São Paulo: Pensamento, 2001. p. 467.
[14] FEUERSTEIN, 2001.

elogiou Gorakhsa Nath, Bhartrihari e Gopîcanso, em gratidão por haver aprendido deles a doutrina dos Chakras e a dos sons Nada.

Algumas pessoas estudiosas do Yoga, atribuem a Goraksha Nath a criação do Hatha Yoga, apesar de algumas técnicas desse ramo do Yoga já existirem antes da sua época. Afirma-se também que Goraksha Nath teria sido o fundador da ordem Kânphata dos Natha, "Orelhas Pendidas", uma vez que os seus adeptos usam os lobos auriculares fendidos nos quais eram colocadas as grandes argolas denominadas "mudrâs" ou "darshana". Diziam seus adeptos que as fendas nas orelhas afetavam os importantes canais ou "nâdis" da força vital localizados nas orelhas, o que facilitaria a aquisição de poderes paranormais.

A ordem Kânphata possui adeptos chamados "jogîs". Ela existe hoje em toda Índia e compreende eremitas, grupos de monges e um pequeno número de homens e mulheres casadas. O censo da Índia realizado em 1901 registrou a existência de 43.463 Nâthas, sendo quase a metade deles mulheres e a maioria pertencente às classes sociais mais baixas.

As ideias de Goraksha Nath são altamente populares nas áreas rurais da Índia, onde há monastérios e templos a ele dedicados encontrados em muitos estados daquele país, principalmente na cidade de Gorakpur. Dentre as elites urbanas, o movimento criado por ele tem sido ridicularizado.

Sua influência é encontrada em numerosas referências, principalmente nas ideias do Guru Nanak, fundador da religião dos Sikhis. Ele o descreve como sendo um poderoso líder, com um grande número de seguidores.

Textos antigos, inicialmente, referem-se a Goraksha Nath como um budista, em uma região influenciada pelo Shivaísmo. Nessa região, Nath teria se convertido ao hinduísmo, tornando-se um seguidor de Shiva e do Yoga. Esse mestre levou a vida como um apaixonado pelas ideias de Adi Shankararasharya, o fundador da escola Não Dualista do Advaita Vedanta, e considerava a controvérsia entre o dualismo e o não dualismo existente na Índia medieval como uma ideia superficial sob um ponto de vista prático.

A tradição dos Natha teria existido antes de Goraksha Nath, mas esse movimento cresceu sob a inspiração dele, este sendo o autor do primeiro livro sobre Laya Yoga. Na Índia, existe grande número de cavernas e muitos templos a ele dedicados. De acordo com Bhagavan Nityananda, o túmulo de Goraksha Nath está localizado em Nath Mandir, próximo ao templo de Vajreshwari, a um quilometro de Ganeshpuri, em Maharastra. De acordo com algumas lendas, Goraksha Nath e Matsyendra Nath realizaram penitências no Templo de Kadri, em Karnataka. Seu templo está situado em uma colina chamada Garbhagiri.

O Goraksha Math é um monastério do grupo dos Nath, localizado em Uttar Pradesh, erguido em homenagem ao grande Yogue Goraksha Nath. Nesse ambiente não só são realizadas atividades culturais e sociais, servindo de centro de interesse da cidade, como também são publicados textos de Goraksha Nath.

Há um famoso texto do Hatha Yoga atribuído a Goraksha Nath e escrito em sânscrito, de acordo com a tradição Nath. Trata-se de um dos primeiros textos do Hatha Yoga, contendo muitos versos que descrevem o Avadutha, o Yogue que alcançou a Libertação Espiritual.

Esse texto está baseado no Não Dualismo Advaita Vedanta, no qual o Yogue vê a si mesmo como sendo todos os seres e todos os serem como sendo ele mesmo, incluindo a identidade entre o Atman e o Supremo Brahmân.

A ordem dos Kanphatas fundada por Goraksha Nath está em franca decadência na Índia. Seus adeptos dedicam-se à pratica de magia negra, a lançar feitiços sobre outras pessoas, a praticar quiromancia e malabarismos, a prever o futuro e a interpretar sonhos. Além disso, vendem amuletos de madeira para proteção de quem os usa, fingem curar doenças ao recitarem textos sobre os enfermos, praticam falsa medicina e vendem medicamentos falsos por eles fabricados. Muitos dos seus adeptos são desprezados e temidos pelos seus falsos poderes. No entanto, há aqueles que se dedicam a instruir os camponeses sobre temas espirituais e mundanos. Nessas coisas, há sempre o risco de narcisismo.

Rei Bhoja

Estátua do Rei Bhoja[15]

---
[15] https://educalingo.com/en/dic-hi/bhojadeva

Bhoja reinou entre 1010 e 1055 d.C. Era um rei indiano da dinastia Paramara. Seu reino estava centrado em torno da região de Malwa, no centro da Índia onde sua capital Dhara estava localizada. Bhoja lutou em guerras contra quase todos os seus vizinhos, tentando ampliar seu reino com diferentes graus de sucesso. No seu zênite, seu reino estendeu-se de Chittor, no norte, até o alto Konkan, no sul, e do rio Sabarmati, no oeste, até Vidisha, no leste.

Bhoja é mais conhecido como patrono das artes, literatura e ciências. O estabelecimento do Bhoj Shala, um centro para estudos sânscritos é atribuído a ele. Era polêmico e vários livros que cobrem uma ampla gama de tópicos são atribuídos a ele. Ele também disse ter construído uma grande quantidade de templos dedicados a Shiva, embora o Templo de Bhojeshwar em Bhojpur, uma cidade fundada por ele, é o único templo sobrevivente que pode ser atribuído a ele com certeza. Por causa de seu patrocínio aos estudiosos, Bhoja tornou-se um dos reis mais célebres da história indiana. Após a sua morte, ele apareceu em várias lendas como um justo erudito-rei.

De acordo com Bhoja-Prabandha, o nome de sua mãe era Savitri. A reputação de Bhoja como um erudito sugere que ele foi bem educado quando criança. O Bhoja-Prabandha afirma que ele foi educado por seus guardiões, bem como por outros eruditos.

Segundo Bhoja-Prabandha, Bhoja sofria de intensas dores de cabeça no começo de sua vida. Dois cirurgiões brâhmanes de Ujjain o deixaram inconsciente, usando um pó anestésico chamado moha-churna. Eles abriram seu osso craniano, retiram um tumor e depois o fizeram recuperar a consciência, administrando outro pó chamado sanjivani.

De acordo com o Tilaka-Manjari composto por Dhanapala, contemporâneo de Bhoja, os seus pés tinham marcas de nascimento auspiciosas, que indicavam que ele estava apto para ser um rei. Seu tio Munja, o antecessor de seu pai, amava-o muito e o nomeou como o rei.

No entanto, várias lendas posteriores afirmam que Munja estava, inicialmente, com ciúmes de Bhoja e tentou impedi-lo de se tornar um rei. Prabandha-Chintamani, do século XIV, afirma que, durante o reinado de Munja, um astrólogo profetizou o longo reinado de Bhoja. Munja, que queria seu próprio filho ocupando o posto de rei, ordenou o assassinato de Bhoja. Entretanto os planos não vingaram e Bhoja foi nomeado rei pelos ministros reais após a morte de Munja. De acordo com outa lenda Gujarati, documentada em Rasmala, Munja ordenou o assassinato de Bhoja, mas depois o nomeou como o príncipe herdeiro.

Bhoja, conhecido como um erudito, teve vários livros atribuídos a ele. Como esses livros cobrem uma enorme variedade de tópicos, autoria é questionada: não é certo se ele realmente escreveu todos esses livros ou se apenas encomendou essas obras, atuando como patrono de seus escritores reais. Mas é sabido que ele era um especialista em poesia e o tratado Shringara-Prakasha foi definitivamente atribido a ele.

De acordo com Ajada, que escreveu um comentário intitulado Padaka-prakasha em Sarasvati-Kanthabharana, Bhoja escreveu 84 livros. As obras sobreviventes atribuídas a Bhoja incluem os seguintes textos em sânscrito:

- Bhujabala-bhima (Bhujabalabhīma), um trabalho sobre Astrologia;
- Champu-Ramayana ou Bhoja-Champu (Campūrāmāyaṇa), um relato do Ramayana, uma mistura de prosa e poesia que caracteriza o gênero champu. Os cinco primeiros kandas (capítulos) são atribuídos a Bhoja. Os capítulos sexto e sétimo foram completados por Lakshmana e Venkatadhvarin, respectivamente;
- Charucharya (Cārucārya), um tratado sobre higiene pessoal;
- Govinda-vilasa, poema;
- Nama-Malika, um tratado elaborado sobre lexicografia;
- Raja-Martanda (Rājamārtaṇḍa) ou Patanjali-Yogasutra-Bhashya, um grande comentário sobre o Yoga Sutra de Patañjali. Inclui uma explicação de várias formas de meditação.

Vijñana Bhiksu

Vijñānabhikṣu ou Vijnanabhikshu foi um filósofo hindu datado do século 15 ou 16, que ficou conhecido por seus comentários sobre várias escolas de filosofia hindu e, particularmente, pelo texto de Yoga de Patanjali. Segundo ele, mestre que teve influência significativa no movimento Neo-Advaita da era moderna, existe uma unidade entre as filosofias Vedānta, Yoga e Samkhya.

Vijnanabhikshu escreveu comentários no século 15 d.C. sobre três escolas diferentes de filosofia indiana – Vedānta, Sāṃkhya e Yoga –, integrando-as sob uma forma de não-dualismo que pertence às sub-escolas de Bhedabheda e Advaita (não dualismo) do Vedanta. Sua síntese é conhecida como Avibhaga Advaita ("não-dualismo indistinguível"). Seu sub comentário sobre Yoga Sutras, o Yogavarttika, é um texto muito influente.

O cometário de Vijnanabhiksu é Yóguico Advaita, permeado de ideias do sistema Samkhya-Yoga e influenciado pelo Advaita.

Ramananda Sarasvatî

O livro de Ramanada Sarasvatî, intitulado *Mani Prabha*, que significa "Brilho do Yoga", é um comentário ao Yoga Sutra de Patañjali, trantando, diretamente, sobre o referido texto de Patañjali.

Pouco se sabe sobre a vida de Ramanada Sarasvatî. Mas acredita-se que esse mestre teria vivido no século XVI d.C.

Svâtsmârâma Yogendra

Esse Yogue é o autor do famoso texto primário do Yoga, *Hatha Yoga Pradipikâ*. A palavra sânscrita "dipika" significa luz, lamparina ou lâmpada e, por isso, o título dessa obra, escrita por volta do século XIV d.C, segundo datação feita por investigadores do Yoga, indica que ela ilumina ou lança uma luz sobre o Haṭha Yoga. Sabe-se que o Hatha Yoga é de origem tântrica. Essa via do Yoga, como já foi dito, teria sido criada por Gorakshan Natha e Matsyendra Nath. Este teria sido o fundador da escola Kaula do tantrismo, enquanto Natha teria sido o fundador da ordem dos Kaphâta Yogues.

Hatha Yoga Pradipikâ tem por objetivo despertar a Kundalinî, energia psicoespiritual que se encontra na base da coluna vertebral dos seres humanos, ou, mais precisamente, no Chakra Muladhara, dentre outras coisas. Há outro texto do Hatha Yoga denominado *Goraksha Padati*, contemporâneo do *Hatha Yoga Pradipikâ*, com objetivos idênticos ao primeiro.

A palavra *Hatha* deriva das sílabas "Há", que significa "esforço físico" e "Tha", que significa "Lua".Trata-se de uma referência ao Sol e à Lua. Seria a integração das forças solar e lunar, masculina e feminina, de acordo com a visão dualista do Tântra. A integração dessas forças é o objetivo do Hatha Yoga.

O *Hatha Yoga Pradipikâ* é formado por quatro capítulos em um total de 389 versos. O primeiro capítulo descreve 16 posturas físicas ou ásanas, uma preparação para o Raja Yoga; descreve os mestres que transmitiram a tradição do Haṭha Yoga, começando com *Ādi Nātha*, o mestre primordial que é identificado à divindade Shiva. Apresenta, também, instruções sobre as condições necessárias para a prática intensiva do Haṭha Yoga, incluindo restrições alimentares. O segundo capítulo trata dos prânâyâmas ou técnicas respiratórias, explicando oito tipos dessas técnicas. Trata, também, dos seis processos de "limpeza", os shatkarmas. Já o terceiro capítulo trata dos mudrâs e dos bandhas, técnicas importantes para despertar a Kundalinî, e das técnicas sexuais tântricas denominadas sahajoli e vrajoli. O quarto e último capítulo trata dos sons espirituais denominados "Sons Nada", sons não físicos que são ouvidos no ouvido esquerdo ou no centro da cabeça, prelúdios da chegada do êxtase místico do Yoga e dos tipos de Samâdhis, além da absorção final da atenção, na realidade transcendental (Lâyâ). Alguns manuscritos apresentam um capítulo adicional com 24 versos, mas, até agora, o livro é considerado de data posterior aos demais sutras, pelos termos utilizados e sua forma da grafia do sânscrito.

Não se trata de um manual didático sobre o Yoga que é ensinado normalmente nas academias ocidentais, mas de um tratado a respeito das práticas mais profundas desenvolvidas no antigo Haṭha Yoga indiano, cujo objetivo era a transformação psicofísica completa do praticante e a sua libertação espiritual. Nele, existe a integração das práticas físicas com as metas espirituais (éticas) do Yoga, para integrá-lo às práticas do Raja Yoga. Sua popularidade é tanta que ainda hoje surgem obras técnicas tentado desvendar seus mistérios ou tecer comentários sobre esse tratado.

O *Hatha Yoga Pradipikâ* tornou-se conhecido no ocidente no final do século XIX. Foi traduzido para o inglês por Shrīnivāsa Iyangār (ou Jayangār) em 1893 e, para o alemão, no mesmo ano, por Herman Walter. Uma das traduções para o inglês mais conhecida e de domínio público é a que foi publicada em 1915 por Pañcam Sinh. Desde então, *Hatha Yoga Pradipikâ* tem sido traduzido para vários idiomas, seja diretamente a partir do original em sânscrito, seja a partir das traduções em inglês que foram vertidas para o espanhol e para o português e que podem ser encontradas na Internet. Há uma tradução para o português acompanhada pelo texto em sânscrito com extensos comentários.

Outro texto primário do *Hatha Yoga* é o *Gheranda Samhitâ*, que significa "Coletânea de Gheranda". Esse teria sido escrito por volta do final do século XVII, possuindo 351 versos distribuídos ao longo de sete capítulos. Esse autor publicou pela Editora do Conhecimento em 2007 uma tradução comentada desse texto.

Há, ainda, outro texto primário do *Hatha Yoga* denominado *Shiva Samhitâ*, escrito provavelmente por volta do século XVII. *Shiva Samhitâ* significa "Coletânea de Shiva". O texto contém 645 versos distribuídos em cinco capítulos. Há, no português, uma tradução desse texto feita pelo autor deste livro, publicada pela Madras Editora em 2009.

Sri Tirumalai Krishnamacharya

Krisnamacharya nasceu em 18 de novembro de 1888 em uma vila localizada no estado de Mysore, no sul da Índia. Sua família tem por descendente um sábio do século XIX chamado Nathamuni, da tradição Shri Vaishnava Sampradaya, autor do famoso texto intitulado *Yoga Rahasya*. Essa tradição é uma linha religiosa vishishtadvaita muito popular no Sul da Índia, cujos seguidores têm como divindades principais Vishnu e sua esposa, Lakshmi.

Recebeu os seus primeiros ensinamentos de sânscrito e do Yoga por intermédio de seu pai, tornando-se aluno do mestre Brahmatantra Parakala Mutt, no estado de Mysori. Iniciou seus estudos aos 12 anos de idade, quando passou a estudar textos vêdicos aprendendo os seus rituais. Nessa época, frequentava o Royal College no seu estado de origem. Ao completar 18 anos, Krishnamacharya mudou-se para Benares, a fim de estudar sânscrito, lógica e gramática na Universidade de Benares.

Retornando a Mysore, recebeu os fundamentos da filosofia Mutt. Logo depois, foi para o Norte da Índia, onde passou a estudar o Sankhya. Em 1916, dirigiu-se às montanhas do Himalaia, onde encontrou o seu mestre, Sri Ramamoham Brahmachari, um sábio Yogue que vivia com a sua família próxima ao Tibete. Com ele passou mais de sete anos, recebendo a tarefa de divulgar o Yoga e usar as suas habilidades de cura para ajudar pessoas.

Seu guru também o fez memorizar vários textos, entre eles o Yoga Sutra e o Yoga Kurunta – ou Gurundam –, este em língua nepalesa, gurkha.

A Índia, nessa época, estava sob o domínio Britânico e, por isso, em rápida modernização e ocidentalização. Os valores ocidentais ameaçavam "substituir" as instituições ancestrais indianas, pondo em risco a perda de grande parte de sua cultura, valores e tradições, inclusive a do Yoga, cuja profundidade do ensinamento dependia de sua real compreensão.

Sri Tirumalai Krishnamacharya concluiu várias graduações em universidades de Calcutá, Allahabad, Patna e Baroda. No seu retorno a Varanasi (Benares), foi muito bem recebido por seus mestres Ganganath Jha e Gopinath Kaviraj. Embora tenha recebido os importantes títulos de Mimamsa Ratna, Nyayacharya e por fim Nyaya Ratna, não embarcou numa carreira acadêmica. Teve alguns jovens como seus alunos de Yoga, várias ofertas de trabalho com maharajas e participou de vários debates filosóficos, além de ajudar em contendas filosóficas entre lideres locais. Após ter concluínado sua educação formal e estudar todas as escolas filosóficas da Índia, estudou também Ayurveda, Astrologia, Música e vários idiomas. Segundo seu neto, Kausthub, Krishnamacharya falava 12 línguas oficias da Índia.

Foi nessa época, quando da morte de Parakala Math, que solicitaram a Krishnamacharya que assumisse como próximo pontífice do Sri Vaishnava Sampradayam. Isso o colocou em uma situação complicada, já que havia se comprometido com seu mestre que dedicaria sua vida ao Yoga. Com uma citação antiga, ele declinou a oferta. Com a finalidade de não deixar morrer a tradição e atrair a atenção das pessoas para as possibilidades do Yoga, Krishnamacharya demonstrava seus poderes paranormais (siddhis), fazia apresentação de *ásanas* e dava palestras. Aos 36 anos, em 1924, retornou a Mysore, onde o rei Maharaha Krishnaraja Wodeyar, encantado com sua erudição, deu-lhe a oportunidade de lecionar Yoga para ele e sua família. Em 1925, casou-se com a jovem Namagiriamma, uma menina 25 anos mais jovem, irmã de B. K. Iyengar.

Com o incentivo e auxílio do rei, foi aberta escola de Yoga (Yoga Shala) no palácio de Mysore, cujo objetivo era promover os benefícios do Yoga às pessoas do reino. Krishnamacharya dava aulas separadas para ambos sexos, tanto para jovens quanto para adultos. Já para tratamento terapêutico, Krishnamacharya atendia pessoas enfermas particularmente. Além disso, havia treino para que seus estudantes se tornassem instrutores, especialmente em *ásana* e prânâyâma.

Nessa época, na Índia, era considerado inadequado o ensino de Yoga para mulheres, entretanto Krishnamacharya rompeu esse dogma ensinando essa arte a mulheres de todas as idades, inclusive para gestantes. Começou os ensinamentos em sua própria casa, tendo como alunas sua esposa, cunhada, filhas, noras e netas. Na verdade, todos seus 6 filhos aprenderam Yoga desde a infância.

Para os mais jovens, as aulas eram vigorosas com posturas dinâmicas e sequências orgânicas, a quem ele exigia a maestria de todas as sequências chamadas de vinyasa krama. Estas eram mais atraentes e úteis para a vitalidade e formação das crianças. Essa categoria de prática era chamada pelos Yogues antigos de shrishti krama, na qual o foco está no desenvolvimento da criança, tanto no crescimento físico, quanto no desenvolvimento mental, psíquico e emocional. Outra contribuição de Krishnamacharya ao Yoga foi o conceito de pratikriya asana, posturas compensatórias ou contra posturas. Foi nessa época que os famosos mestres de Yoga estudaram com ele, tais como B.K.S. Iyengar, com 15 anos, e Pattabhi Jois, com 12 anos.

Em 1927, Pattabhi Jois assistiu uma palestra sobre Yoga dada por Krishnamacharya no Hassan. No dia seguinte, escondido dos pais começou suas aulas diárias de Yoga com Krishnamacharya. Prática que durarou vários anos.

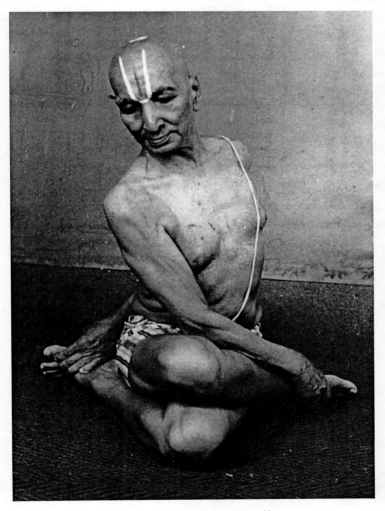

Tirumalai Krishnamacharya[16]

---
[16] https://delightyoga.com/blog/article/the-path-of_kirshnamacharya

Iyengar, seu cunhado, uma criança muito doente, debilitada, teve no Yoga, praticado com Krishnamacharya, uma esperança. Estudou por cerca de 2 anos, de 1934 a 1936, anos que Iyengar descreve ter tido apenas 10 a 15 dias de aula. Krishnamacharya lhe pediu para lecionar em Puna e lá se estabeleceu, continuando seus estudo de Yoga por si mesmo. Apesar de respeitar o aprendizado que lhe foi dado, sempre o achou exageradamente severo e autoritário, chamando-o inclusive de "o ditador de Mysore".[17]

Krishnamacharya passou muito tempo de sua juventude viajando pela Índia e estudando os seis darshanas ou escolas filosóficas indianas: Vaishesika, Nyaya, Samkhya, Yoga, Mimamsa e Vedanta. Seus discípulos estão entre os mais influentes professores de Yoga: B.K.S. Iyengar, Sri K. Pattabhi Jois, Indra Devi e seu filho, T. K. V. Desikachar. Apesar de o seu conhecimento ter influenciado o Yoga em todo o mundo, ele nunca deixou a Índia.

Há, em português, uma versão do Yoga Sutra de Patañjali escrito pelo filho de Sri Krisnanacharya, T. K. V. Desikachar, intitulado *O Coração do Yoga*.[18] Esse livro apresenta uma curiosidade que consiste em apresentar apenas 195 versos e não 196, como acontece com a maioria das traduções do Yoga Sutra.

Tirumalai Krishnamasharya faleceu em 28 de fevereiro de 1989, com 101 anos de idade.

---

[17] http://mahavidyayoga.blogspot.com.br/2010/02/krishnamacharya-o-mestre-dos-mestres.html
[18] DESIKACHAR, T. K. V. **O Coração do Yoga**. São Paulo: Jaboticaba, 2007.

Paramahansa Ramakrisna

Paramahansa Ramakrishna[19]

---
[19] https://pt.wikipedia.org/wiki/Ramakrishna

Ramakrishna nasceu com o nome de Gadadhar Chattopadhyay em 18 de Fevereiro de 1836 na vila de Kamarpukur, que agora é um distrito de Bengala Ocidental, e faleceu em 16 de Agosto de 1886. Ele foi um dos mais importantes líderes religiosos da Índia e foi profundamente reverenciado por milhões de hindus e não hindus, como um mensageiro do Ser Supremo. Ramakrishna foi uma figura influente na "Renascença Bengali" do século XIX.

Os pais de Gadadhar, Khudiram e Chandramani, eram brâhmanes pobres e sempre tinham grandes dificuldades financeiras. Gadadhar era considerado hábil com as mãos e tinha o dom natural para a arte. Ele, entretanto, não gostava de ir à escola, e não tinha interesse em ganhar dinheiro. Amava a natureza e passava horas nos campos e jardins frutíferos fora da cidade, com seus amigos. Era visto visitando os monges que caminhavam em direção a Puri, em peregrinação, ajudando-os e escutando-os atentamente durante os debates religiosos que eles frequentemente travavam.

Aos seis anos teve a primeira revelação violenta: a da beleza imanente do universo, a dos contrastes da natureza[20]:

> Eu seguia um caminho estreito entre os arrozais... Levantei os olhos para o céu enquanto mastigava um grão de arroz. Vi uma bela núvem sombria de tempestade que ameaçava com rapidez. Ela encobriu o céu inteiro... De repente, na borda da núvem, em cima da minha cabeça, passou um bando de gruas de uma brancura de neve. O contraste era tão maravilhoso que minha imaginação voou para regiões distantes. Perdi a consciência e cai no chão; o arroz espalhou-se pela terra. Alguém encontrou-me ali e levou-me nos braços para casa. O excesso de prazer, a emoção me subjugava... Foi a primeira vez que experimentei um êxtase.

Na época dos preparativos da sua iniciação, Gadadhar, na condição de brahmacharin, teria que passar pelo ritual Upanayana. Ele declarou que queria sua primeira iniciação feita por certa mulher da casta dos shudras. Isso, naqueles dias em que as tradições exigiam que a primeira iniciação fosse realizada por um brâhmane, foi considerado um absurdo. Entretanto, Gadadhar alegou ter dado a sua palavra à mulher shudra e, se ele não a mantivesse, que tipo de brâhmane seria? Não importando o argumento, o apelo, as lagrimas para o convencer a mudar de ideia, o homem ficou firme na sua decisão. Finalmente, Ramkumar, seu irmão mais velho e, após a morte

---

[20] Texto extraído de: EDIÇÕES DE PLANETA. **Ramakrisna:** O Louco de Deus. São Paulo: Editora Três, [s.d.]. p. 13.

do seu pai, cabeça da família, deu seu consentimento para a realização do ritual conforme o desejo do irmão.

Nessa época, a condição financeira da família de Gadadhar piorava cada vez mais. Ramkumar foi ensinar sânscrito em Calcutá, onde passou a serviu como sacerdote para algumas famílias. Nesse tempo, uma mulher rica de Calcutá, chamada Rani Rashmoni, construiu um templo em Dakshineswar, dedicado à deusa Kali, localizado nas cercanias da referida cidade. Ela solicitou que Ramkumar servisse como sacerdote no templo de Kali e esse concordou. Quando Ramkumar afastou-se do templo, Gadadhar tomou seu lugar como sacerdote.

Templo em Dakshinawar, nas cercanias de Calcutá, dedicado à deusa Kali[21]

Em janeiro/fevereiro de 1986, este autor realizou sua primeira viagem à Índia, ali conheceu vários locais sagrados. Um desses locais foi o Templo de Dakshiwar, localizado nas cercanias de Calcutá. Infelizmente, o referido templo estava fechado. Ali, senti uma emoção fortíssima, pois percebi que estava em um lugar sagrado. O Templo é dedicado à Deusa Kali.

---

[21] https://br.freepik.com/fotos-premium/templo-de-dakshineswar-kali_4715460.htm

Carlos Alberto Tinoco

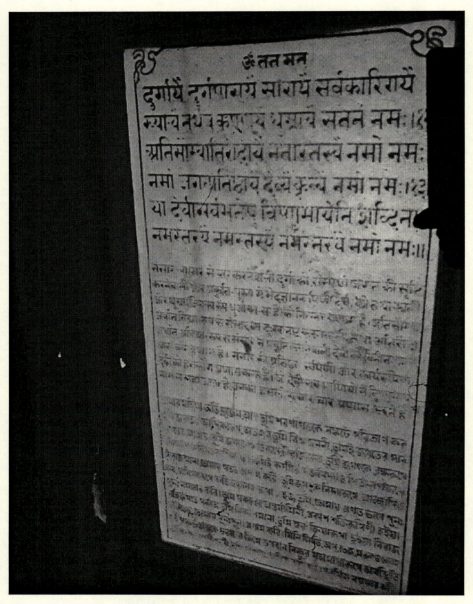

Foto do autor da porta do Templo dedicado à Deusa Kali em Dakshineswar (janeiro/fevereiro de 1986)

OS MESTRES DO YOGA

Deusa Kali[22]

---
[22] http://aumagic.blogspot.com/2012/03/deusa-kali.html

Ramakrishna foi iniciado na linha Advaita Vedanta por um monge peregrino chamado Totapuri em Dakshineswar, o qual Ramakrishna, afetuosamente, apelidou de Nangta ("homem nu"), por ele ser um sannyasin que andava despido. Durante a sua iniciação, após muito esforço, Ramakrishna vivenciou elevado Samâdhi, permanecendo, durante seis meses, em estado de completa contemplação e êxtase. Ele não tinha consciência do passar dos dias e das noites. Durante esse prolongado transe, moscas entravam em sua boca e nariz, como se fosse um corpo morto. Para o alimentar, as pessoas tinham que colocar comida na sua boca.

Depois dessa fase, rumores de que Ramakrishna havia ficado louco em consequência do excesso de exercícios espirituais em Dakshineswar surgiram. Os vizinhos sugeriram à mãe de Ramakrishna que ele deveria se casar, de modo que estaria mais ciente de suas responsabilidades para com sua família, voltando a interagir com o mundo externo. Ele não se opôs ao casamento e indicou a vila de Jayrambati, localizada a três milhas, ao noroeste de Kamarpukur, como o local onde sua noiva podia ser encontrada, na casa de um Mukherjee. A noiva encontrada, na época, tinha apenas 6 anos de idade e era chamada de Sarada, nome que significa "Fé". Depois, o casamento foi devidamente realizado. Sarada Devi, como passou a ser chamada, foi a primeira discípula de Ramakrishna. Depois do casamento, ele ensinou tudo o que aprendeu com os seus mestres espirituais à sua esposa. Impressionado por seu potencial místico, ele começou a tratá-la como a Mãe Divina e executou um Puja, em que considerou Sarada como verdadeira Tripura Sundari Devi. A partir daí, ela tornou-se a mãe dos seus discípulos mais jovens.

Sarada Devi, esposa de Ramakrisna (22/12-/1853 - 20/7/1920)[23]

Ramakrishna ensinava aos seus que a realização espiritual era a meta suprema de todos os seres humanos. Para ele, a religião servia como um meio para se atingir esse objetivo. A realização espiritual de Ramakrishna, ocorrida após vivenciar o Dharma Mega Samâdhi, o levou a acreditar que as várias religiões do mundo são caminhos diferentes para se alcançar o Absoluto Brahmân, e que a Realidade Última nunca poderia ser expressa em palavras ou pensamentos. Como resultado dessa sua atitude, Ramakrishna passou períodos inteiros da sua vida de acordo

[23] https://www.flickr.com/photos/60129815@N04/5490292693

com seu entendimento das tradições do Islamismo, do cristianismo, do budismo e de vários tipos de Yoga e seitas tântricas do hinduísmo. Em outras palavras, Ramakrishna vivenciou elevadas formas de experiências místicas, em cada uma das religiões citadas.

Os conceitos mais importantes dos ensinamentos de Ramakrishna, são:

- A unidade da existência (tudo é o Absoluto);
- Todos os seres vivos são divinos;
- A unidade do Ser Supremo;
- A harmonia e a unidade das religiões;
- A principal entrave da vida humana, é a cobiça e a luxúria.

Pode-se considerar, de certa maneira, que a Renascença Hindu que a Índia experimentou no século XIX foi gerada, em grande parte, pela vida e obra de Ramakrishna. Embora o movimento religioso e cultural denominado Brahmo Samaj tenham precedido sua tarefa, a influência do mestre ocorreu em um nível mais amplo. Muitos seguidores de Ramakrishna acreditam que Vivekananda, seu discípulo dileto, agiu como seu mensageiro no Ocidente e, daí em diante, ajudou na realização de sua missão espiritual. A influência de Ramakrishna no século XIX foi crucial nesse período de renovação das tradições hindus, e pode ser comparada à contribuição de Chaitanya Mahabrabhu nos séculos anteriores, quando o hinduísmo em Bengala esteve sob pressão similar, com o advento do islamismo.

Ramakrishna nada escreveu, pois era semianalfabeto. Mas seu discípulo Swami Saradananda, por sua vez, escreveu uma biografia do seu mestre, relatando os ensinamentos que, dele, recebeu.

Um discípulo direto de Ramakrishna escreveu em três volumes, um texto sobre os seus ensinamentos intitulado "O Evangelho de Ramakrishna", publicado no Rio de Janeiro-RJ, em 1995, e editado por Leda Marina Beviláqua Leal. Esse discípulo denominava a si mesmo por M.

Algum tempo depois da experiência do elevado Samâdhi descrita acima, Ramakrishna passou a ser denominado Ramakrishna Paramahansa, ou "Ramakrishna, o Grande Cisne".

De acordo com a tradição da Índia o ser humano se santifica, se eleva espiritualmente, quando passa pela experiência dos elevados estados de consciência denominados Samâdhi.

Em espanhol, foi publicada uma biografia de Ramakrishna[24].

Swami Vivekanada

Swami Vivekananda[25]

---

[24] ROLLAND, Romain. **Vida de Ramakrishna**. [S.l.]: Libreria Hachette, [s.d.].
[25] https://twitter.com/SwamijTheDivine/status/1073224363636191232

Swami Vivekananda nasceu em Shimla Pally, Calcutá, em 12 de janeiro de 1863, durante o festival Makara Sankranti, em uma tradicional família hindu, recebendo o nome Narendranath Dutta. Faleceu em julho de 1902, com 39 anos. Seu pai, Vishwanath Dutta, era advogado e tinha um cargo na Alta Corte de Calcutá. Era considerado uma pessoa generosa e tinha uma concepção progressista em relação aos problemas sociais e religiosos. Sua mãe, Bhuvaneshwari Devi, uma mulher muito piedosa que orava e praticava austeridades dedicadas a Vireshwar ou Shiva em Benares, para conceber um filho. De acordo com relatos, teve um sonho no qual Shiva terminou a sua meditação, dizendo que lhe daria um filho, o que aconteceu. A personalidade de Narendranath – ou Naren – recebeu influência dos seus pais, como não poderia deixar de ser. Da sua mãe, por seu temperamento religioso e, do seu pai, por sua mente racional. Da sua mãe ele herdou a força do autocontrole. Seus contemporâneos diziam que ele praticava meditação frequentemente, quando, então, entrava em estado de Samâdhi. Diziam também que ele viu uma luz enquanto dormia, e teve, certa vez, uma visão de Buda enquanto meditava. Na infância, ao ver os monges e ascetas errantes, tinha grande fascinação por eles.

Narendra era culto, dominando uma ampla gama de conhecimentos em Filosofia, História, Religião e Ciências Sociais. Demonstrava também muito interesse nas Escrituras Sagradas, como os Samhitâs dos Vêdas, as Upanishads, a Bhagavad Gitâ, os épicos Ramayana, Mahabharata e os Puranas. Também conhecia música clássica, tanto vocal quanto instrumental, tendo estudado com dois músicos hindus. Praticava esportes e exercícios físicos, sendo um homem de compleição atlética. Ainda jovem, duvidava da validade de certas práticas religiosas, considerando-as superstição. Vivekanada não concordava com o sistema de castas, esse flagelo da Índia. Sempre usava a lógica em suas discussões, recusando-se a aceitar qualquer ideia sem prova lógica. Em 1877, seu pai mudou-se para Raipur, onde permaneceu por dois anos com a família. Nessa ocasião, Narendra passou boa parte do seu tempo com o pai, quando então conversavam longamente sobre temas espirituais. Nessa fase da sua vida, ele passou por uma experiência de profunda alteração da consciência, vivenciando o Samâdhi. Pouco depois, toda a família retornou a Calcutá em 1879, onde outrora viveram. Aqueles dois anos em Raipur são considerados pelos seus biógrafos como os anos decisivos da sua vida.

Narandranath foi o principal discípulo de Ramakrishna e fundador da "Ordem Ramakrishna", em Calcutá. Por várias razões, Vivekanada é considerado uma figura central, no que se refere à introdução do Vedanta e do Yoga no Ocidente, sobretudo na Europa e na América do Norte. Vivekananda é considerado uma grande força no reflorescimento do hinduísmo na Índia moderna.

Narandranath encontrou-se pela primeira vez com Ramakrishna em novembro de 1881, momento decisivo em sua vida. Ainda que Narandranath não tenha aceito Ramakrishna como seu mestre espiritual inicialmente e tenha se colocado contrariamente às suas ideias, ele ficou atraído pela sua personalidade e o visitava frequentemente. De início, olhava para os seus estados de êxtases e visões como "mera imaginação", como "alucinações".

Sendo membro integrante do movimento Brahmo Samaj, ele discordava da adoração de ídolos e do culto à deusa Kali por Ramakrishna. Embora inicialmente Narandranath não aceitasse Ramakrishna e suas visões, ele não podia negá-las, pois testemunhou várias delas. Ele testou Ramakrishna, que nunca pediu a Narandranath para abandonar sua racionalidade e encarou todos os argumentos e os seus testes com paciência. Após cinco anos de treinamento junto a Ramakrishna, Narandranath finalmente o aceitou como mestre, sendo logo transformado em outra pessoa, disposto a renunciar a tudo pela sua realização espiritual. No momento em que isso ocorreu, sua aceitação foi total, entregando-se completamente, assim, como discípulo. Bastante influenciado pela sua educação inglesa e racional, não admitia que um ser humano pudesse ser, de fato, um guru.

Em 1885, Ramakrishna adquiriu um câncer na garganta, mudando-se para Calcutá. Mais tarde foi para Kashipur, próximo de Calcutá. Vivekananda e seus discípulos cuidaram de Ramakrishna nos seus dias finais. A sua educacão espiritual sob orientação de Ramakrishan continuou ali. Em Kashipur, dizem seus biógrafos, Vivekananda passou por uma experiência de levado Samadhi. Nos últimos dias de Ramakrishna, Vivekananda e alguns outros discípulos receberam a roupas de cor alaranjada, característica dos monges renunciantes hindus, formando a primeira ordem monástica de Ramakrishna. Conta-se que, quando Vivekananda duvidou do fato de Ramakrishna ser um Avatar, esse teria lhe dito: *"Aquele que foi Rama, Aquele que foi Krishna, Ele mesmo agora é Ramakrishna neste corpo.".*

Nos seus últimos dias, Ramakrishna pediu a Vivekananda que se tornasse responsável pelos outros discípulos monásticos e estes, por sua vez, passaram a considerar Vivekananda como mestre espiritual. A saúde de Ramakrishna piorou gradualmente e ele faleceu no início da manhã de 16 de agosto de 1886, com 50 anos.

O Parlamento das Religiões foi aberto em 11 de setembro de 1893 no Art Institute of Chicago (Instituto de Arte de Chicago). Nesse dia, Vivekananda fez a sua primeira e curta fala. Ele representou a Índia e a sua principal religião, o hinduísmo. Apesar de inicialmente se encontrar um tanto nervoso, ele orou à Saraswati, a deusa da Sabedoria, iniciando seu discurso com as palavras: *"Irmãs e irmãos da America!"*. Com essas palavras, ele foi ovacionado de pé, por uma plateia de sete mil pessoas, durante dois minutos ininterruptos. Quando o silêncio foi restaurado, ele retomou a sua fala. Saudou a mais jovem das nações em nome da mais antiga ordem de monges do mundo, a dos sanmyasins da religião vêdica, uma religião que ensinou ao mundo tolerância e aceitação universal. Vivekananda citou duas passagens ilustrativas a esse respeito presentes na Bhagad Gitâ: *"Assim como diferentes correntes tendo suas fontes em diferentes locais, todas misturam suas águas no mar, do mesmo modo, Ó Senhor, os diferentes caminhos que o homem toma, devido a diferentes tendências, mesmo que pareçam tortos ou diretos, todos levam a Ti"*.

Apesar de ter sido um discurso breve, calou fundo no Parlamento e em seu senso de universalidade. Dr. Barrows foi o presidente do Parlamento. Suas palavras foram as seguintes[26]:

> Irmãs e Irmãos da América: "Meu coração fica pleno de uma alegria inenarrável ao levantar-me para responder à calorosa e cordial boas-vindas com a qual vocês nos receberam. Eu agradeço a vocês em nome da mais antiga ordem de monges do mundo; eu agradeço a vocês em nome da mãe das religiões, e eu agradeço a vocês em nome dos milhões e milhões de hindus de todas as classes e de todas as seitas. Meus agradecimentos, também para alguns dos conferencistas presentes neste palco que, referindo-se aos representantes vindos do Oriente, disseram a vocês que estes homens, provenientes de nações distantes, podem muito bem reclamar para si a honra de proclamar em terras estrangeiras a idéia da tolerância. Eu estou orgulhoso de pertencer a uma religião que tem ensinado ao mundo tanto a tolerância como a aceitação universal. Nós acreditamos não apenas na tolerância universal, mas nós aceitamos todas as religiões como

---

[26] Extraído de: https://www.fraseseversos.com/autores/swami-vivekananda/discurso-de-swami-vivekananda-na-abertura-do-parlamento-das-religioes-em-chicago-1893-br-br/.

verdadeiras. Eu estou orgulhoso de pertencer a uma nação que tem abrigado os perseguidos e os refugiados de todas as religiões e de todas as nações da terra. Eu estou orgulhoso de dizer a vocês que nós acolhermos em nosso seio os mais puros representantes dos israelitas, que vieram para o sul da Índia e tomaram refúgio conosco no mesmo ano em que seu templo sagrado foi destruído pela tirania romana. Eu estou orgulhoso de pertencer a uma religião que abrigou e ainda acolhe os remanescentes da grande nação zoroastriana. Eu citarei para vocês, irmãos, umas breves linhas de um hino que eu me lembro de ter repetido desde a minha mais tenra meninice, e que são repetidas todos os dias por milhões de seres humanos: 'Assim como diferentes cursos d'água, embora tendo suas fontes em diferentes lugares, juntam suas águas às do oceano; Ó Senhor, assim os diferentes caminhos que os homens tomam através de suas diferentes tendências, embora pareçam distintos, sinuosos ou diretos, todos conduzem à Ti'. Esta presente convenção, que é uma das mais augustas assembléias jamais reunidas e, em si mesma, uma demonstração, uma declaração para o mundo, da maravilhosa doutrina pregada no Bhagavad Gita: 'Quem quer que venha a Mim, não importa sob que forma, eu o acolho; todos os homens estão se esforçando, através de diferentes carinhos, que ao final conduzirão a Mim'. Sectarismo, estreiteza de espírito e seu horrível descendente, o fanatismo, há muito tempo se apoderaram desta bonita terra. Encheu a terra com violência, encharcou-a repetidas vezes com sangue dos homens, destruiu civilizações e colocou nações inteiras em estado de desespero. Não fossem por esses terríveis demônios, a sociedade humana estaria em uma condição muito mais avançada da que se encontra hoje. Mas seu tempo chegará; e eu ferventemente espero que o sino que tocou esta manhã em honra deste Parlamento, possa ser o prenúncio do fim de todo o fanatismo, de todas as perseguições, com a espada ou com a caneta, e de todos os sentimentos injustos entre pessoas que percorrem seus caminhos na direção da mesma meta".

Depois do Parlamento das Religiões, Vivekananda levou aproximadamente dois anos ministrando conferências em vários locais nas regiões leste e central dos Estados Unidos, realizadas principalmente em Chicago, Detroit, Boston e Nova Iorque. Na primavera de 1895, ele estava cansado e com uma saúde debilitada, devido ao seu contínuo trabalho de divulgação do hinduísmo. Depois de suspender seu ciclo de palestras ao redor do país, Vivekananda começou a dar aulas abertas e privadas sobre o Vedanta e o Yoga.

No ano de 1895, durante dois meses, ele deu aulas privativas para uma dúzia de seus discípulos em Thousand Island Park. Vivekananda considerou essa atividade como a parte mais feliz de sua visita aos Estados Unidos da América. Mais tarde, ele fundou a "Vedanta Society of New York", sendo Swami Nikhilananda um dos seus principais dirigentes nas décadas de 1940 e 1950.

Durante a sua primeira visita à América, o mestre viajou para Inglaterra duas vezes, sendo a primeira em 1895, e a segunda em 1896. Lá, suas palestras foram ouvidas por muitas pessoas. E foi nesse lugar que conheceu a senhora Margaret Noble, uma dama Irlandesa que mais tarde se tornou a Sister Nivedita. Durante a sua segunda visita, ocorrida em maio de 1896, Vivekanada conheceu o famoso indiologista F. Max Müller, um renomado estudioso que propôs a teoria da invasão ariana à Índia. Ele lecionava na Universidade de Oxford e escreveu a primeira biografia de Ramakrishna no Ocidente. Müller traduziu do sânscrito para o inglês, vários livros da tradição religiosa da Índia, todos eles sob o título *Sacred Books of the East*. Da Inglaterra, Vivekanada também visitou outros países europeus. Na Alemanha, ele conheceu Paul Deussen, um outro indiólogo, famoso tradutor e comentarista de Upanidhads. Recebeu, também, duas ofertas acadêmicas, a cadeira de Filosofia Oriental na Universidade de Harvard e uma posição similar na Universidade de Columbia. Ele declinou ambas as propostas alegando que, como um monge errante, ele não poderia ficar estabelecido em um trabalho e local fixo.

Dentre seus seguidores estavam Josephine MacLeod, senhorita Müller, senhorita Noble, E. T. Sturdy, Capitão e senhora Sevier, que tiveram um importante papel na fundação do Advaita Ashram, e J. J. Goodwin, que se tornou seu taquígrafo e registrou seus ensinamentos e palestras. A família Hale tornou-se uma de suas mais calorosas anfitriãs na América do Norte. Seus discípulos, Madame Louise, uma mulher francesa, tornou-se Swami Abhayananda, e o Senhor Leon Landsberg se tornou Swami Kripananda. As ideias de Vivekananda foram admiradas por diversos estudiosos e famosos pensadores, tais como o psicólogo William James, C. C. Everett – reitor da Universidade da Harvard School of Divinity –, Robert G. Ingersoll, Nikola Tesla, Lorde Kelvin e o professor Hermann Ludwig Ferdinand Von Helmholtz, físico alemão.

De volta à India, Vivekananda chegou a Colombo em 15 de janeiro de 1897. Ali, fez o seu primeiro discurso no Oriente. Desse momento em diante, sua jornada para Calcutá foi de um progresso triunfante. Ele viajou de Colombo a Pamban, Rameshawaram, Ramnad, Madurai, Kumbakonam e Madras proferindo palestras. No caminho para Madras, em diversos locais onde o trem não parava, as pessoas agachavam-se nos trilhos e só permitiam que o trem continuasse depois de ouvi-lo. De Madras, ele continuou sua jornada para Calcutá, dando palestras até chegar em Almora.

No dia 1 de maio de 1897, em Calcutá Vivekananda, fundou a "Ordem Ramakrishna", entidade destinada a difundir a religião. Fundou também a "Missão Ramakrishna", entidade destinada ao serviço social. Esse foi o começo de um organizado movimento sócio-religioso que tem contribuído, sobretudo na Índia, para ajudar as massas por meio de educação, cultura, trabalhos médicos e assistenciais. Os ideais de Missão Ramakrishna são baseados no Karma Yoga. Dois monastérios foram fundados por ele, um em Belur, o Belur Math, próximo a Calcutá que se tornou a sede da Ordem e Missão Ramakrishna. Outro em Mayavati, nos Himalaias, próximo a Almora, conhecido como Advaita Ashrama, e o terceiro monastério, em Madras.

Dois jornais foram publicados, *Prabuddha Bharata*, em Inglês, e *Udbhodan*, em bengali. No mesmo ano, o trabalho de assistência contra a escassez de alimentos foi iniciado por Swami Akhandananda no distrito de Murshidabad. Nessa época, Vivekanada recebeu uma carta de Sri Tata, pedindo para que ele dirigisse o Research Institute of Science (Instituto de Pesquisas de Ciência) que Tata havia fundado. MasVivekananda não aceitou a oferta, alegando que isso conflitava com os seus interesses espirituais.

Vivekananda acreditava que a essência do hinduísmo seria melhor expressa na filosofia do Vedanta, baseada principalmente na interpretação de Adi Shankaracharya. Ele resumia os ensinamentos do Vedanta da seguinte maneira:

a. Toda alma é potencialmente divina;

b. A meta maior da vida é manifestar a Divindade Interior por meio do controle da natureza, externa e interna. Deve-se fazer isso, tanto por meio do trabalho, quanto da adoração, do controle psíquico, ou por todos esses meios. Isso é a totalidade da religião.

c. Doutrinas, dogmas, rituais, livros sagrados, templos ou formas não são senão detalhes secundários. Enquanto um único animal em seu país estiver sem comida, toda a religião é o alimentar e servir, e qualquer outra atitude, que excluam essas, é irreligioso.

d. Levante, desperte e não pare até atingir a meta. Educação é a manifestação da perfeição já existente no homem. Servir ao homem é servir ao Supremo.

Para Vivekananda, uma importante lição que Ramakrishna havia lhe deixado é: "Jiva é Shiva", ou seja, cada indivíduo é a própria divindade. Esse se tornou seu mantra pessoal e ele cunhou o conceito de "Daridra Narayana Seva" ou o serviço para o ramo do Vedanta que admite que ninguém pode ser verdadeiramente livre, até que todos nós sejamos. Mesmo o desejo de libertação pessoal, deve ser abandonado e apenas um incansável trabalho para a libertação de outros é a verdadeira característica de um ser humano iluminado. Esse seu pensamento assemelha-se ao ideal Bodisatva do budismo.

Belur Math[27]

Este autor esteve pela primeira vez na Índia em 1986, vendo, de perto, Belur Math.

---

[27] https://br.freepik.com/fotos-premium/belur-math-calcuta_4715465.htm#page=1&query=Belur%20Math%20&position=0

Swami Harirananda Âranya

Swami Harirananda Aranya[28]

---
[28] http://kapilmath.com/swami-hariharananda-aranya/

Swami Hariharananda Aranya nasceu em 1869 e faleceu em 1947. Ele foi um Yogue, autor e fundador da Kapil Math em Madhupur, na Índia, o único mosteiro do mundo que ensina e pratica a filosofia de Samkhya. Seu livro, *Yoga Philosophy of Patanjali com Bhasvati*, é considerado um dos comentários sânscritos clássicos mais autênticos e autoritários sobre o Yoga Sutra. Hariharananda também é considerado por alguns como um dos mais importantes pensadores da Bengala do início do século XX.

Hariharananda era oriundo de uma família bengali rica, mas ele, depois de sua educação escolar, renunciou a riqueza, posição e conforto em busca da verdade. A primeira parte de sua vida monástica foi passada nas Grutas de Barabar, em Bihar. São cavernas de granito isoladas, com as inscrições do Imperador Ashoka e muito distantes da habitação humana. Ele passou alguns anos em Tribeni, na Bengala, em um pequeno eremitério no banco do Ganges, e vários anos em Haridwar, Rishikesh e Kurseong.

Seus últimos anos foram gastos em Madhupur em Bihar, onde, segundo a tradição, Hariharananda entrou em uma caverna artificial em Kapil Math em 14 de maio de 1926 e permaneceu lá, em estudo e meditação, nos últimos 21 anos de sua vida. O único meio de contato entre ele e seus discípulos foi por intermédio de uma abertura de janela. Enquanto vivia como um eremita, Hariharananda escreveu numerosos tratados filosóficos.

De acordo com Hariharananda, Yoga é a concentração mental, o Samâdhi.

OS MESTRES DO YOGA

Sri Jnãnadeva

Capa do comentário Bhavârtha Dipika, de Sri Jnãnadeva[29]

---
[29] http://www.exoticindiaart.com/book/details/sri-jnanadeva-s-bhavartha-dipika-known-as-jnaneshwar

Sri Jnānadeva ou Jnaneshvari foi um poeta e Yogue seguidor do Bhakti Yoga. Nasceu há, aproximadamente, setecentos anos. Teve uma vida breve. Escreveu um comentário ao Bhagavad Gitâ, intitulado *Bhavârtha Dipika*. Quando muito jovem, teve uma visão sobre a sua tarefa de escrever esse comentário.

Escrito inicialmente em Maharathi e em poucas outras línguas faladas na Índia, seu comentário foi traduzido para a língua inglêsa por Ramchandra Keshav Bhagwat, sendo publicado em 2001 pela Editora Samata Books.

Paramahansa Harirananda

Paramahamsa Hariharananda, ou Swami Hariharananda Giri, nasceu em 27 de maio de 1907 e faleceu em 3 de dezembro de 2002. Foi um dos grandes mestres iluminados do Kriya Yoga, pertencendo à linhagem de Mahavatar Babaji, Lahiri Mahasaya, Sri Yukteswar Giri, Paramahansa Yogananda, Swami Satyananda Giri e Shrimat Bhupendra Nath Sanyal Mahasaya. Atingiu o mais alto grau de realização espiritual almejado por um Yogue: o supremo estado de Nirvikalpa Samadhi, no qual a pulsação e a respiração cessam pela completa fusão da consciência individual à consciência divina. Como santo e sábio da Índia e fonte transbordante de amor, dedicou sua vida à elevação espiritual da humanidade, tendo sido o único mestre realizado a ensinar a técnica sagrada de Kriya Yoga no Ocidente durante a segunda metade do século XX. Seu legado inclui uma extensa obra literária, centros e ashrams de Kriya Yoga distribuidos por cinco continentes, instituições de caridade, além de centenas de milhares de discípulos por todo o mundo, por meio dos quais a essência dos seus ensinamentos ainda vive.

Paramahamsa Hariharananda nasceu na vila de Habibpur, no Distrito de Nadia, Bengala Ocidental, na Índia, sob o nome de Rabindranath Bhattacharya, em uma abastada e tradicional família brâmane ortodoxa de "Kula Gurus" (cuja linhagem é transmitida de pai para filho). Desde a mais tenra idade, Rabi, como familiarmente era chamado, demonstrava forte inclinação espiritual, e, já aos 4 anos de idade, o pequeno prodígio havia decorado grande parte dos puja mantras do hinduísmo, apenas por ouvir seu pai os recitar. Aos 11 anos, fez votos de brahmacharya (celibato), tendo recebido a iniciação de seu próprio pai, o Kula Guru Haripada Bhattacharya. Foi por ele instruído conforme os princípios éticos, morais e de rígida disciplina espiritual dos antigos ensinamentos de santos e sábios da Índia, tornando-se versado nas várias escrituras e ramos do conhecimento espiritual mundiais, tais como: Vêdas, Upanishads, Bhagavad Gita, Alcorão, Torah, Bíblia Sagrada, Astrologia, Astronomia, Quiromancia, Tantra e outros sistemas de Yoga, homeopatia, etc.

Em 1919, aos 12 anos, foi iniciado em Jñana Yoga pelo renomado mestre Srimat Bijoy Krishna Chattopadhyaya, de Calcutá, que se tornou o seu segundo Guru. Ainda enquanto discípulo de Sri Bijoy Krishna, graduou-se em Engenharia Têxtil, e apesar de ter assumido uma boa posição numa grande indústria, sua verdadeira aspiração continuava a ser a realização espiritual.

Em 1932, seguindo instruções de seu Guru, Rabi partiu para Serampore em busca daquele que seria o seu primeiro mestre de Kriya Yoga – o grande Yogue Swami Sri Yukteswar Giri. Já no primeiro encontro, Sri Yukteshwar previu o destino de Rabindranath como sannyasin, e que atingiria o estado de Nirvikalpa Samadhi. Iniciou-o em Kriya Yoga sugerindo, nessa e em várias outras ocasiões, que aceitasse a vida monástica e se mudasse para o Karar Ashram, em Puri, pois sua vida não seria a de um homem comum, mas dedicada à realização do Supremo. Rabi, que continuava a trabalhar, costumava visitá-lo todos os fins de semana e feriados, para meditar em sua companhia. De Sri Yukteshwar aprendeu astrologia cósmica e aprofundou conhecimentos em diversas áreas, tais como anatomia humana e assuntos relacionados à filosofia ocidental e oriental.

Em 1935, Paramahansa Yogananda, o renomado discípulo de Sri Yukteshwar que residia nos EUA, retornou em visita à Índia. Rabi foi vê-lo, manifestando seu desejo de ser por ele iniciado. Nessa ocasião, Yogananda leva-o a um aposento proporcionando-lhe a inesquecível experiência de testemunhar seu estado sem pulso e sem respiração, o Nirvikalpa Samadhi, por cerca de meia hora. Na manhã seguinte, Rabindranath recebe de Yogananda sua segunda iniciação em Kriya, mas já não teria por muito tempo a presença desses dois grandes mestres. Em 1936, Sri Yukteshwar abandona o seu corpo físico (sepultado no Karar Ashram) e Paramahamsa Yogananda retorna aos EUA, nomeando Swami Satyananda Giri como presidente interino e Swami Sevananda como encarregado do Karar Ashram.

Em 1938, Rabindranath deixa sua vida profissional com a pretensão de morar por alguns meses em Puri, numa casa alugada ao lado do Ashram. É nesse período que, de sua varanda, tem uma visão de Sri Yukteshwar andando pelo pátio do Ashram. Algum tempo depois, obtém autorização para morar no Karar Ashram, como hóspede pagante. Nos primeiros dias, com a permissão de Swami Sevananda e recursos próprios, contratou mão de obra e ajudou pessoalmente a limpar toda a propriedade, a fim de construir o primeiro banheiro do ashram. Naquela época, também por falta de provisões, não era servido desjejum, nem no ashram, nem na escola que mantinham, mas Rabindranath passou a custeá-las. Mais tarde, abdicou definitivamente de seu modo de vida aristocrático e, como ashramita, fez voto de silêncio, poucas vezes interrompido, durante anos, passando a viver em reclusão e contemplação, agora como Brahmachari Robinarayan. Durante esse período, teve a orientação de Swami Satyananda Giri, Shrimat Bhupendra Nath Sanyal Mahasaya e Ananda Moyee Ma, sendo sua comunicação com Paramahamsa Yogananda feita apenas por cartas.

Em 1941, o então Brahmachari Robinarayan (Paramahamsa Hariharananda) recebeu de Swami Satyananda Giri a terceira iniciação em Kriya Yoga. Entre 1943 e 1946, já absorvido em estado de super-consciência, completou os seis níveis de Kriya, obtendo as iniciações mais elevadas de Shrimat Bhupendranath Sanyal, o mais jovem discípulo de Lahiri Mahasaya.

Em 1948, após passar a maior parte de seus últimos 11 anos em reclusão, na sua cela monástica, Brahmachari Robinarayan alcançou o mais alto grau de realização, o estado de Nirvikalpa Samadhi. Nessa ocasião, seu corpo cai ao chão e, machucando a cabeça, começa a derramar sangue por debaixo da porta. Swami Satyananda Giri, que se encontrava no Ashram, vem em seu socorro e encontra-o sem pulsação, mas com o corpo quente, massageando-o até recuperar os sentidos. A partir de então, Robinarayan passou a viver em comunhão com a consciência divina, entrando no estado sem pulso e sem respiração, espontânea ou deliberadamente, sempre que assim o desejasse. Essa condição foi posteriormente testemunhada centenas de vezes e descrita em detalhes, por discípulos, médicos e cientistas.

Certa ocasião, em 1949, quando se encontrava em meditação profunda, uma luz resplandecente surge de repente. Robinarayan, ao abrir os olhos, depara-se com a visão de um homem que, materializado em seu quarto trancado, toca em seus olhos e desaparece. Inicialmente, Robinarayan não identificou quem seria, mas no mesmo dia o legendário pioneiro do Kriya Yoga moderno, Mahavatar Babaji, reaparece abençoando-o e profetizando sua missão de propagar o Kriya Yoga pelo mundo.

Em 1950, Paramahamsa Yogananda transfere, em carta escrita, a responsabilidade do Karar Ashram para Brahmachari Robinarayan. Nessa época, já com poucos recursos pessoais, a manutenção do Karar Ashram e da escola Sriyukteswar Vidyapitha era realizada principalmente por doações mensais feitas por um de seus irmãos, além de escassos recursos provindos da venda de vegetais produzidos na horta e de alguma contribuição financeira enviada por Paramahamsa Yogananda.

Em 1951, já depois de ter alcançado o Nirvikalpa Samadhi e de ter sido anunciada sua missão por Mahavatar Babaji, Brahmachari Robinarayan recebe oficialmente de Paramahansa Yogananda uma autorização por escrito, para ministrar iniciações em Kriya Yoga, carta essa reproduzida integralmente na obra *Kriya Yoga – O processo científico de aperfeiçoamento espiritual e a essência de todas as religiões*, de Paramahamsa Hariharananda.

Em 1952, Paramahamsa Yogananda deixa o seu corpo mortal e Swami Satyananda Giri torna-se o presidente permanente do Karar Ashram.

Em 27 de maio de 1959, Brahmachari Robinarayan torna-se monge, tomando seus votos formais de Sua Santidade, o Jagadguru Swami Bharati Krishna Teertha, Shankaracharya de Puri. A cerimônia teve lugar no Templo de Sri Yukteshwar, nas dependências do Karar Ashram, tendo recebido o nome monástico de Swami Hariharananda Giri, que significa: "êxtase divino que brota do real estado sem forma".

Em 1971, com o falecimento de Swami Satyananda Giri, Paramahamsa Hariharananda Giri torna-se o presidente do Karar Asrham de Puri até o ano de 1983, sendo sucedido por Swami Yogeswaranda Giri.

Em 1974, a profecia de Babaji Maharaj finalmente se cumpre e Paramahamsa Hariharananda, o último discípulo realizado de Swami Sri Yukteswar, viaja para a Europa, iniciando sua jornada de propagação do Kriya Yoga no Ocidente.

Paramahamsa Hariharananda passa a viajar continuamente no Ocidente e no Oriente, ensinando a técnica sagrada de Kriya Yoga a todos os corações sinceros que o procurassem. Sua última viagem à India foi no ano de 1996, tendo vivido seus últimos anos nos Estados Unidos da América, onde veio a falecer em 2002, aos 95 anos. Seu corpo foi sepultado na Índia, após ter sido recebido por milhares de discípulos, com honras de estado, homenagem essa nunca antes prestada a um monge naquele país.

Shri Chinmoy

Sri Chinmoy Kumar Ghose nasceu em 27 de agosto de 1931 e faleceu em 11 de outubro de 2007. Ele foi um filósofo indiano e guru que emigrou para os Estados Unidos da América em 1964. Escritor prolífico, compositor, artista e atleta, Sri Chinmoy é mais conhecido por promover eventos públicos sobre o tema de paz interior e harmonia mundial, tais como concertos, meditações e corridas pedestres. Seus ensinamentos enfatizam o amor ao Supremo, o meditar diariamente no coração, o servir ao mundo e a tolerância religiosa arraigada na visão vedântica moderna na qual toda fé é, essencialmente, divina.

Ele era o mais novo de sete filhos, tendo nascido na vila de Shakpura – distrito de Chittagong – em Bengala Oriental, hoje Bangladesh. Seus pais eram Shashi Kumar Ghosh, um inspetor ferroviário que mais tarde se tornou banqueiro, e Yogamaya Ghosh, responsável pelas tarefas do lar e dotada de um temperamento devoto. Sri Chinmoy perdeu o pai em 1943, e a mãe faleceu alguns meses mais tarde. Órfão, em 1944, e jovem de 12 anos, Chinmoy juntou-se a seus irmãos e irmãs no Ashram de Sri Aurobindo, em Pondicherry, no Sul da Índia, onde seus irmãos mais velhos, Hriday e Chitta, já viviam, há algum tempo. Ali, ele passou os 20 anos seguintes, em práticas espirituais, incluindo meditação, estudo da literatura bengali e inglesa, esportes e serviço nos empreendimentos artesanais do Ashram.

Durante a adolescência e juventude, Chinmoy foi um corredor velocista e decatleta. Em 1955, tornou-se secretário de Nolini Kanta Gupta, o terceiro em responsabilidade pelo Ashram, tendo traduzido muitos dos artigos de Nolini do bengali para o inglês. Mas também publicou os seus próprios artigos sobre os líderes espirituais da Índia, além de continuar preenchendo cadernos com poemas, canções e reflexões sobre a vida no Ashram.

Em 1964, Chinmoy aceitou o convite de colegas dos EUA, emigrando para Nova Yorque com a intenção de ensinar. Ele obteve trabalho como assistente junto ao consulado indiano na seção de vistos e passaportes, sob a chefia de L. L. Mehrotra. Em 1965, recebeu um convite para executar três canções no Museu Guggenheim, num evento promovido pela Asia Society. Mais tarde, no mesmo ano, começou a publicação de sua revista mensal *AUM*. Em 1966, Chinmoy, adepto de um modesto estilo de vida, abriu seu primeiro centro – o primeiro dos que depois se tornariam mais de 100 centros que ensinam meditação e filosofia espiritual ao redor do mundo.

Entre os anos de 1968 e 1970, Sri Chinmoy ofereceu palestras nas universidades de Yale, Harvard, Cornell, Brandeis, Dartmouth – na The New School for Social Research. Fez, também, palestras no Japão e em outros países do Oriente. Em abril de 1970, sob a sua orientação, Meditações da Paz nas Nações Unidas, ONG que presta serviço ecumênico e aberto a delegados e funcionários da ONU, teve seu início.

Os últimos meses do ano de 1970 viram a sua primeira turnê européia, que incluiu discursos em Oxford e Cambridge. Em 1971, Chinmoy já oferecia palestras mensais no auditório das Nações Unidas, "Dag Hammarskjold", com o apoio do então secretário-geral U Thant.

O interesse de Chinmoy na ONU originava-se de um sentimento de que essa era não só o "lar-coração do corpo do mundo", mas também um veículo para a "unicidade universal". Seus inspiradores, Aurobindo e Nolini, acreditavam que a evolução espiritual é um processo global que requer um melhor diálogo entre as nações. Eles aprovaram calorosamente a visão do presidente Woodrow Wilson, da Liga das Nações que, mais tarde, após a Segunda Guerra Mundial, tornou-se a Organização das Nações Unidas.

Por todos esses anos, esse mestre continuou a viajar, oferecer palestras, fundar novos centros de meditação e dedicar-se a diversas outras atividades. Em abril de 1975, foi oferecida uma série de sete discursos na Escola de Teologia de Harvard, dedicada à memória de John F. Kennedy. Em julho, Chinmoy conduziu uma meditação de abertura na cerimônia do Dia Nacional de Oração nas Nações Unidas, bem como em uma cerimônia similar em abril de 1976.

Sua ênfase em poesia e música pode ser melhor compreendida no contexto histórico de Bengala, no qual o movimento vaishnava utilizou-se do recital e do canto devocional para dispersar as distinções de casta, superar ritualismos vazios e trazer um alento de amor divino, no qual questões humanitárias poderiam também florescer.

Em 1977, fundou-se o Sri Chinmoy Marathon Team ("Equipe de Maratona Sri Chinmoy"), que promovia competições de corrida, nado e ciclismo ao redor do mundo. Sua precursora foi a Liberty Torch Run ("Corrida da Tocha da Liberdade") de 1976, um revezamento em que 33 corredores marcaram o bicentenário dos Estados Unidos, percorrendo 14.100 quilômetros e atravessando mais de 50 estados. A corrida começou e terminou em Nova Iorque, encontrando-se, em seu final, com o então prefeito Abraham Beame, que proclamou o dia 16 de agosto de 1976 como o "Dia da Tocha da Liberdade".

Notícias na mídia dão a entender que essa corrida não possui uma finalidade meramente atlética, mas também diplomática, promovendo eventos em diversas cidades, encontros com autoridades e grupos comunitários, bem como programas nos quais as crianças, nas escolas, escrevem sobre o significado da paz. Quando entrevistado em abril de 2006 pelo jornal Victoria News (de Washington, BC), o diretor da Escola Primária Quadra, John Fawcett, disse que o currículo para Harmonia Mundial alinha-se de forma bela às metas da escola.

Em 1978, Chinmoy recebeu um distinto prêmio da revista Runner's World por seu dedicado serviço oferecido à humanidade, por meio da promoção da corrida. Seu time trabalhou muito próximo do Clube de Corredores de Rua de Nova Iorque e patrocinou eventos de ultradistância, nos quais figuras lendárias como Yiannis Kouros e Al Howie estabeleceram novos recordes mundiais.

Chinmoy competiu em corridas desde a sua juventude até depois dos 60 anos. A revista American Fitness relata que "ele completou mais de 200 corridas de rua, incluindo 21 maratonas e 5 ultramaratonas".

Escreveu, também, muitos livros sobre espiritualidade, Yoga, artes e esportes.

Swami Tilak

Swami Tilak foi um monge indiano, falecido em 1984, que visitou o Brasil no começo das décadas de 70 e 80 e, por aqui, fez muitos discípulos.

Biografia de Swami Tilak em português, cujo autor é Naren Nagin[30]

---
[30] http://jnanamandiram.org.br/caminho-de-luz-biografia-de-swami-tilak/)

Ao contrário de muitos líderes espirituais orientais e ocidentais, Swami Tilak vivia uma vida austera, não se permitindo possuir bens e nem criar nenhum tipo de organização espiritual ao seu redor. Com apenas seus documentos, um cobertor e sua túnica, viajava pelo mundo sem sapatos e sem tocar em dinheiro, apenas recebendo contribuições em passagem, hospedagem e comida.

Por volta de 1960, quando Swami Tilak tinha 30 anos, ele começou uma Yatra (peregrinação), com o objetivo de terminar sua vida dedicando-se ao trabalho social, a fim de buscar valores espirituais que marcassem o caminho para o Ser.

Três anos se passaram desde que ele se tornou um sannyasi. Ele deixou seu trabalho como editor de uma revista para procurar seu guru, viajando a pé, na mais rígida tradição de renuncia, e vivendo apenas de caridade. Foi a sua primeira experiência como jovem sannyasin e, dessa forma, tranformou seu modo de vida viajando para mais de 56 países ao redor do mundo.

Swamiji dirigiu seus passos em direção ao rio sagrado Narmada, no qual Sri Adi Shankaracharya, fundador das 10 ordens de Swamis advaitas, e um grande expoente da filosofia Vedanta, fez uma grande parte de sua sadhana (prática espiritual).

Swami Tilak comentou que, nesse momento, quase perdeu a esperança de encontrar a verdade neste mundo, mas, finalmente, sua busca levou-o a uma reunião com seu mestre Baba Bajaranga Dasji Maharaja.

A partir desse momento, começaram anos de pura felicidade para ele, servindo aos pés de seu mestre Baba Bajaranga Dasji Maharaja. A cabana onde moravam era muito simples e não tinha comodidades. Era uma vida cheia de austeridades. No eremitério, junto ao seu mestre, viveram outros devotos, mas nunca houve mais de cinco ou seis pessoas habitando o mesmo ambiente.

Swami Tilak, portador de um intelecto brilhante, já tinha conhecimento aprofundado das Upanishads e de outras escrituras sagradas, da cultura vêdica. Ele conhecia perfeitamente todos os ensinamentos das diferentes escolas, dentro do hinduísmo e as exposições filosóficas dos grandes mestres, bem como as doutrinas de outras religiões. Ele também conhecia outras técnicas de meditação e prânâyãmas, junto a outras disciplinas do Yoga.

Amando e entendendo a cultura e a história de seu país, Tilak, na sua juventude, participou ativamente de alguns partidos políticos, lutando pela independência indiana, além de passar meses na prisão por seus ideais patrióticos. Ele tinha excelentes habilidades oratórias e uma inclinação para a escrita.

Seu mestre lhe ensinou a viver na verdade e a reconhecê-la onde quer que ele estivesse. Ele era um mestre que ensinava diretamente sobre o conhecimento da natureza de Brahmân, o Absoluto.

Seu guru lhe ensinou que o homem não era invejado por sua ostentação, mas respeitado por sua simplicidade. A humildade não significava mansidão, mas a disposição para reconhecer a grandeza dos outros. Ao longo de todas as suas viagens, o mestre lhe deu dois mantras, e retomou os ensinamentos que ele havia recebido. O primeiro foi o mantram da assimilação.

Swami Tilak esteve no Brasil, em especial, nas Faculdades Integradas Espírita, em Curitiba, onde realizou palestras e manteve conversas com a diretoria daquela Instituição. Indagado sobre como superar dificuldades financeiras da referida Instituição, teria dito algo como: "Não se preocupem, Se vocês tiverem méritos no Banco Divino, nada haverá de lhes faltar".

Em português, foram publicados, dentre outros, os seguintes livros de sua autoria: *Yoga & Meditação* (Editora Didática e Científica, 1991); *Reencarnação* (Fundação Educacional e Editorial Universalista, s/d) e *Jada Bharata* (Editora Jnana Mandiran, 2005).

Ramana Mahashi

Bhagavan Sri Râmana Mahârshi nasceu em 30 de dezembro de 1878 e faleceu em 14 de abril de 1950. Foi um mestre do Advaita Vedanta e um homem santo do sul da Índia. Considerado um dos maiores sábios da Índia moderna, tornou-se conhecido no Ocidente especialmente por meio do livro *A Índia Secreta*, do jornalista e escritor inglês Paul Brunton, que retratou os ensinamentos de Ramana transmitidos, na maioria das vezes, em silêncio absoluto aos seus discípulos. Outro autor famoso que deu destaque à pessoa de Ramana Maharshi foi Paramahansa Yogananda, no seu livro *Autobiografia de um Yogue Contemporâneo*, ao visitá-lo durante seu regresso à India, em 1935. Outro famoso espiritualista que foi ao ashrama receber ensinamentos de Ramana foi Mahâtma Ghandi, em busca de apoio para seu movimento de libertação da Índia.

O obstáculo ou ignorância espiritual (avidyâ), para Bhagavan, nada mais é do que a mente – este, nome coletivo para todos fenômenos mentais ou pensamentos e emoções. Transcendida a mente, a pessoa descobre que há apenas o Ser, ou seja, "Aquilo que Está Além do Pensamento", o Si Mesmo, em que tudo é o Ser, e que sempre houve apenas o Ser, sem qualquer modificação. A mente, nada mais é do que uma manifestação ilusória do próprio Ser, que estava aprisionado na teia dos pensamentos. Esse é o ponto em que todas as práticas e filosofias que tem como essência a não-dualidade (Advaita) concordam. Ramana Maharshi aponta que todos os fenômenos mentais têm uma raiz única, um denominador comum, e que esse é o pensamento – "eu" (ahâm), ou ego. Em outras palavras, tudo o que surge na mente e todos os mais variados elementos da experiência humana formam o "eu individual". Tudo o que acontece no "meu universo" acontece para mim, uma vez que sou algo separado de tudo. Ramana Mahashi dizia, para aqueles que estão prontos para a jornada espiritual, que sua própria existência depende da existência do observador. Esse conceito de "eu" nada mais é do que uma falsa identificação entre a Pura Consciência e o Ego.

Sobre a sua própria iluminação espiritual, ocorrida sem o auxílio de um mestre espiritual, assim disse Ramana Mahashi[31].

> *"Foi cerca de seis semanas antes que eu deixasse **Madura** de vez que aconteceu a grande mudança em minha vida. Foi bastante inopinado. Eu estava a sós numa sala do primeiro andar da casa de meu tio. Raramente fico doente e naquele dia minha saúde era perfeita, mas um repentino temor da morte apossou-se de mim. Nada no meu estado de saúde justificava tal coisa e eu não tentei encontrar qualquer explicação nem tampouco saber se havia alguma razão para aquele temor. Sentia apenas que eu **ia morrer** e comecei a pensar no que deveria fazer. Não me ocorreu consultar um médico ou os mais velhos   ou os amigos; eu percebia que teria de enfrentar o problema sozinho, resolvendo-o de pronto a ali mesmo.*
>
> *O choque produzido pelo temor da morte fez com que minha mente se voltasse para dentro e eu disse com meus botões, sem chegar na verdade a articular as palavras: 'A morte chegou;*

---

[31] SADHU, Mouni. **Dias de Grande Paz**. São Paulo: Pensamento, 1981. p. 38-40.

*que significa ela? O que estará morrendo? Esse corpo, morre' E, imediatamente, dramatizei a ocorrência da morte. Deitei-me com os membros distendidos como se o **rigor mortis** já houvera tomado conta de mim. E imitei um cadáver a fim de emprestar maior realismo à investigação. Sustei a respiração e mantive os lábios bem apertados de modo que nenhum som escapasse de modo que nem a palavra eu nem qualquer outra palavra pudesse ser pronunciada. 'Pois bem', disse de mim para comigo, 'este corpo está morto. Será transportado para o crematório e ali será queimado e reduzido a cinzas. Mas com a morte deste corpo estarei eu morto? Serei este corpo? Ele está silenciosos e inerte mas sinto toda a força da minha personalidade e até mesmo ouço a voz do meu **eu** dentro de mim, totalmente apartada do corpo. De modo que sou Espírito transcendendo ao corpo. O corpo morre mas o Espírito que o transcende é imune à morte. Quer isto dizer que sou um Espírito imortal'.*

*Daquele momento em diante o **Eu** ou o **Si** passou a atrair sobre si a atenção com poderoso fascínio. O temor da morte desaparecera para sempre. Dali por diante a absorção no **Eu** prosseguiu sem solução de continuidade. Outros pensamentos poderiam vir e ir, como as diferentes notas de uma melodia, mas o **Eu** continuava como uma nota **sruti** fundamental subjacente que se mistura com todas as demais notas. Ainda que o corpo estivesse ocupado em falar, ler ou qualquer outra coisa eu continuava sempre centralizado no **Eu**.".*

Ramana Maharshi foi o grande representante da sabedoria milenar da Índia no século XX, um autêntico represenante do Neo-Vedanta. Isso não significa que ele foi um acadêmico que sabia de cor, os textos sagrados ou sastras e sim, que viveu e personificou essa sabedoria. Na verdade, ele não escreveu nenhum livro. Ensinava o Jnâna Yoga, ou "a via do conhecimento espiritual". Por outro lado, enfatizava que as outras duas grandes vias espirituais, a do Karma Yoga (das ações) e da Bhakti Yoga (devoção) estavam contidas no Jnâna Yoga.

Na Índia, buscar a companhia de sábios é algo muito importante, para aprender com os preceitos e exemplos concretos, e para obter suas bênçãos. Tal atividade se chama satsanga, literalmente, "associação com a verdade". Outro conceito importante é o de darshan, que é a bênção conferida pela mera visão de um santo.

Râmana Maharshi nasceu na região do Tamil Nadu, no sul da Índia. Aos 16 anos, após a morte do pai, passou por uma experiência espiritual relacionada à morte e, por seu intermédio, despertou para o estado que transcende e engloba os campos físico, emocional e intelectual, passando a viver permanentemente nesse estado de elevado Samâdhi, por alguns também denominado realização espiritual. Depois de algum tempo, abandonou sua casa e família e deslocou-se para a cidade de Tiruvannamalai, localizada a 190 km ao sul de Madras, onde passou o restante da vida na montanha de Arunachala, considerada por muitos como uma montanha sagrada. A princípio, viveu no grande templo de Arunachaleswara, permanecendo em profunda meditação, no saguão conhecido como o de "mil pilares", de onde teve de se mudar, em razão das pedras que lhe eram atiradas por um grupo de meninos travessos que o viam imóvel no local. Passou então a viver em um escuro vão no sub-solo do templo, mas os moleques cedo o descobriram, e continuaram a atirar-lhe pedras. Teve de se mudar muitas vezes e passou a residir em vários outros santuários e locais adjacentes ao templo, como jardins, bosques e pomares. Pouco a pouco, foi subindo a montanha de Arunachala, onde viveu em diferentes cavernas. Pouco depois, passou a ser conhecido como o "Maharshi" ou o "grande sábio ou vidente" ou "Bhagavan", o Senhor. Lenta e gradualmente, discípulos foram reunindo-se à sua volta. Vinte e sete anos após a sua chegada a Tiruvannamalai, um ashram ou local de retiro espiritual foi construído ao redor do túmulo de sua mãe, aos pés da Montanha Sagrada de Arunachala. Alí, passou a residir até o fim de seus dias. Essa comunidade, chamada "Ramanashram", tornou-se um local mundialmente conhecido, para onde se dirigiam, e ainda se dirigem, em número crescente, buscadores espirituais de diversas origens religiosas.

Seus ensinamentos, muito simples, estão registrados em grande número de livros. Diversos autores escreveram sobre ele: Arthur Osborne, em *Ramana Maharshi e o Caminho do Autoconhecimento*; Mouni Sadhu, em *Dias de Grande Paz*; Carl Gustav Jung, a pedido de Heinrich Zimmer; Somerset Maugham, em *O Fio da Navalha*; Mateus Soares de Azevedo, em *Ye shall know the truth: Christianity and the Perennial Philosophy* (EUA, 2005). Em 25 de dezembro de 2007, quando da comemoração do seu nascimento, uma nova biografia em língua inglesa, com 4.135 páginas distribuídas em oito volumes e 400 fotografias, foi lançada.

Sua presença, que irradiava uma grande paz, tornando fácil e natural a convivência na comunidade, inclusive com os animais selvagens que habitavam a montanha, atraiu milhares de pessoas à Arunachala. A essência dos seus ensinamentos é o "Vichara", o Auto Exame, ou investigação direta, interior, por meio dos questionamentos: "Quem sou eu?" e "De onde surge o pensamento 'eu'?", para a descoberta da "Verdade, Paz ou Bem-Aventurança, a nossa real natureza". Em vários momentos, Ramana Mahashi ensinava que não se trata de mero questionamento verbal, mecânico, mas de trazer sempre ao foco da atenção, a sensação do "eu sou", que é a única coisa real, visto que todas as outras coisas mudam e passam, são transitórias, enquanto essa consciência do eu permanece sempre. Esse tipo de questionamento faz com que a atenção se volte para dentro, para o estado natural que ultrapassa o conhecimento, levando à percepção da inevitável limitação de todos os conceitos, o que faz com que, gradualmente, definhem e percam sua tirania sobre a mente, deixando de se sobrepor "àquilo que verdadeiramente é". Quem sou eu? Uma vez que a representação que crio a respeito de mim mesmo não sou eu... Quem está fazendo essa pergunta? A resposta não pode ser mental, intelectual, pois seria uma outra representação. Para o Vedanta, o verdadeiro conhecimento implica a não interferência dos conceitos, das teorias, seja a respeito do mundo e das coisas, seja a respeito de si mesmo, do estado que ultrapassa o pensamento. Havendo um grande descontentamento em relação a tudo o que é incompleto, uma necessidade e a urgência da descoberta, o próprio exame e compreensão de todo o quadro, a investigação sobre o "eu" e a origem do "eu" levam à não-interferência dos conceitos e à cessação da atividade mental. A própria investigação sobre o "eu" e sua origem, ao final, mergulham na quietude. Nesse estado de silêncio, desperto o conhecedor, o conhecimento e o objeto do conhecimento, na realidade, são um só. Apenas há separação no mundo das representações das construções mentais, «daquilo que não é». Nesse sentido, conhecer a si mesmo é conhecer a verdade acerca de todos os seres e de todas as coisas. Conhecer a verdade acerca de si mesmo é ser essa verdade, já que não somos dois, um para conhecer o outro. Cada um é a própria verdade absoluta.

A expressão "auto-realização", segundo Ramana Maharshi, é apenas um eufemismo para "remoção da ignorância". Nada há para ser adquirido. Mas, há apenas ignorância a ser removida.

Afirma-se que, no momento em que Ramana Mahashi faleceu, um astro, majestosa e lentamente, cruzou os céus da Índia, sendo visto em grande parte do país por inúmeras pessoas que, espontaneamente, compreenderam o evento que ele anunciava.

Ramana Mahashi[32]

---

[32] https://www.flickr.com/photos/pilgrimsandmystics/3047191275

Os mestres do Yoga

Mahavatar Bábaji

Retrato de Mahavatar Bábaji produzido por P. Yogananda[33]

---
[33] https://pt.wikipedia.org/wiki/Mahavatar_Babaji

Mahavatar Bábaji foi revelado ao mundo pela primeira vez em 1946, no livro *Autobiografia de um Yogue Contemporâneo*, escrito por Paramahansa Yogananda. Segundo relatado nesse livro, e em obras de outros autores que estiveram com Bábaji entre 1861 e 1935, ele é um mestre espiritual e avatar. Sua idade e o local de nascimento são desconhecidos. Mahavatar Bábaji transcendeu os limites temporais do corpo há séculos (talvez milênios), mantendo-se no anonimato, acessível apenas a um seleto grupo de discípulos, e vivendo nas recônditas montanhas dos Himalaias, entre o Nepal e a Índia. A sua missão tem sido a de dar assistência aos homens, na execução de tarefas específicas. Ele afirmou, na presença de vários discípulos, ter dado iniciação espiitual a Shânkara, fundador da escola Advaita Vedanta, e a Kabir, famoso mestre medieval.

Seu principal discípulo, no século XIX, foi Lahiri Mahasaya, a quem Bábaji legou a responsabilidade de ressuscitar uma antiga e perdida técnica de elevação espiritual: a Kriya Yoga.

Um avatar não está sujeito à economia universal. Seu corpo puro, visível como imagem de luz, acha-se livre de qualquer dívida com a natureza. O olhar casual talvez não veja nada de extraordinário na forma de um avatar, mas este não projeta sombra nem deixa qualquer pegada no chão. Essas são provas externas e simbólicas de haver libertado-se espiritualmente e se libertado, também, da escravidão à matéria.

A falta de referências históricas a Bábají não nos deve surpreender. Esse grande mestre do Yoga jamais apareceu ostensivamente em qualquer século. O brilho da publicidade não tem lugar em seus planos milenares. Semelhante ao Criador, único mas silencioso Poder, Bábají opera em humilde anonimato. Grandes profetas como Cristo e Krishna vêm ao mundo com objetivos espirituais definidos e partem, assim que os realizam. Outros avatares, como Bábají, incumbem-se de obras relacionadas ao lento progresso evolutivo do homem por entre os séculos, em vez de se ligarem a algum fato histórico excepcional. Tais mestres sempre ocultam-se ao olhar grosseiro do público e têm o poder de se tornar invisíveis à vontade. Por essas razões, e porque geralmente instruem seus discípulos para que mantenham silêncio a respeito de si, algumas figuras espirituais da mais alta expressão permanecem desconhecidas para o mundo. Jamais se descobriram quaisquer dados delimitadores da família e do lugar de nascimento de Bábají.

Babáji não apresenta sinais de idade em seu corpo, parecendo um jovem de 25 anos. De pele clara e constituição e estatura medianas, o corpo de Bábají irradia um brilho perceptível. Seus olhos são pretos, serenos e ternos, e seu longo e lustroso cabelo é cor de cobre. Às vezes, a face de Bábají se parece muito com a de Lahiri Mahásaya. Tão notável era essa semelhança que Mahásaya, em sua velhice, poderia ocasionalmente ter passado por pai de Bábají.

Tempos depois, Sri Yukteswar Giri, mestre espiritual de Paramahansa Yogananda e discípulo de Lahiri Mahasaya, revelou que Yogananda era o discípulo prometido por Mahavatar Bábaji. Este se tornou o principal divulgador do Kriya Yoga no Ocidente. Yogananda foi aos Estados Unidos e fundou, com o auxílio de colaboradores americanos, a Self Realization Fellowship, em 1920, entidade que divulga o Kriya Yoga até os dias atuais. O método de Kriya Yoga de Bábaji trabalha especialmente com os sete Chakras principais, nos quais o praticante se concentra, subindo ao longo da coluna vertebral e, depois, em sentido descendente, repetindo o exercício inúmeras vezes.

Paramahansa Yogananda relata apenas um único encontro com Bábaji, justificando que, tais experiências são tão sagradas, que devem ficar ocultas no coração e só o fez para emprestar sua credibilidade pessoal junto aos leitores. Nesse único encontro tornado público, Bábaji apareceu à porta da casa de Yogananda quando este se preparava para viajar à América pela primeira vez, em 1920, e encontrava-se inseguro com a abrupta mudança. Mahavatar o tranquilizou, ratificando que nada temesse, uma vez que a espiritualidade superior o escolhera para difundir a Kriya Yoga no mundo.

Paramahansa Yogananda

Paramahansa Yogananda nasceu em 5 de janeiro de 1893 e faleceu em 7 de março de 1952. Ele foi um Yogue e guru indiano considerado um dos maiores emissários da antiga filosofia da Índia para o Ocidente. Por intermédio da Self-Realization Fellowship (SRF), a organização que fundou ao chegar aos Estados Unidos, foi pioneiro em promover a prática da meditação por meio das lições que os estudantes recebiam em casa, pelo correio, para cumprir a sua missão mundial de difundir as técnicas de Kriya Yoga. Paramahansa Yogananda teve sua singular história de vida imortalizada no best-seller *Autobiografia de um Yogue Contemporâneo*.

Harry T. Howe, diretor do cemitério de Forest Lawn, de Los Angeles, onde foram sepultados os restos mortais de Yogananda, enviou uma carta à Self Realization Fellowship, da qual são extraídos os seguintes trechos[34]:

> A ausência de quaisquer sinais visíveis de decomposição no cadáver de Paramahansa Yoganada constitui o mais extraordinário caso de nossa experiência... Nenhuma desintegração física era visível no corpo, mesmo vinte dias após a morte. Nenhum indício de bolor revelava-se em sua pele e nenhum dessecamento (secagem) ocorreu nos tecidos orgânicos. Tal estado de preservação perfeita de um corpo, até onde vão nossos conhecimentos dos anais mortuários, é algo sem paralelo [...] Ao receber o corpo de Yogananda, os funcionários de cemitério esperavam observar, através da tampa do caixão, os costumeiros e progressivos sinais de decomposição física. Nossa admiração crescia à medida que os dias passavam sem qualquer mudança visível no corpo em observação. O corpo de Yogananda permanecia evidentemente num estado fenomenal de imutabilidade.

Conforme contado por seu irmão, Sananda Lal Ghosh[35], Paramahansa Yogananda nasceu com o nome Mukunda Lal Ghosh, na cidade de Gorakhpur, na Índia, numa devota e abastada família Bengali. Desde os primeiros anos, sua consciência e experiências espirituais já eram reconhecidas por todos ao seu redor como muito além das comuns, passando por lembranças de suas vidas passadas.

A morte da sua mãe, a quem amava intensamente, foi comunicada a ele por uma aparição mística. Depois, intensificou sua busca pessoal pelo Supremo. Ansiando encontrar um mestre iluminado para guiá-lo em sua busca espiritual, durante a juventude, Yogananda procurou a presença de muitos sábios e santos da Índia, que sempre lhe diziam para aguardar o momento certo, no qual seu guru surgiria.

Em 1910, com 17 anos, finalmente sua busca pelo mestre cessou diante do encontro com Sri Yukteswar Giri. Segundo suas próprias narrativas, foi no eremitério de Sri Yukteswar que passou a melhor parte dos 10 anos seguintes, recebendo disciplina rígida, porém amorosa, enquanto adquiria sobejas experiências da realidade do espírito.

---

[34] YOGANANDA, Paramahansa. **Autobiografia de um Yogue Contemporâneo.** São Paulo: Summus Editorias, 1971. p. 1.
[35] GHOSH, Sananda Lal. **Mejda, la família, Niñez y juventude de Paramahansa Yogananda.** Buenos Aires: Editorial Kier, 1980.

Após formar-se na Universidade de Calcutá, em 1915, fez os votos formais e entrou na ordem monástica dos Swamis, ocasião em que recebeu o nome Yogananda (uma junção dos termos Yoga, "união", e Ananda, "bem-aventurança". Significa, portanto, "bem-aventurança através da união divina").

É relatado em sua Autobiografia, de acordo com diversos livros de amigos e familiares, que várias ocorrências invulgares desde o seu nascimento já anunciavam que a Yogananda era destinado a uma missão mundial. A sua trajetória estava intimamente entrelaçada com a de três seres, cuja sabedoria e singularidade viria exaltar ao mundo: Mahavatar Babaji, o "Cristo Iogue da Índia Moderna" e guru de Lahiri Mahasaya; este último foi o guru dos seus pais e de Swami Sri Yukteswar; e seu próprio mestre, Sri Yukteswar, que o preparou a pedido de Babaji para difundir a Kriya no Ocidente.

Quando era um bebê, sua mãe levou Paramahansa a uma visita a Lahiri Mahasaya. Apesar de oculta entre a multidão de discípulos, o guru a chamou e fez a profecia, dizendo-lhe que ao seu filho estava reservada uma importante missão espiritual.

Paramahansa Yogananda ganhou, em 2014, um documentário sobre sua vida: *Awake – The Life of Yogananda*, que já foi apresentado em festivais pelo mundo e chegou ao Brasil em novembro de 2015, sendo visto por mais de 45.000 pessoas nos cinemas do país. O documentário tem participações e depoimentos antigos como os de George Harrison e Deepak Chopra, e mistura cenas raras de Yogananda com encenações. O filme é dirigido por dois nomes já indicados ao Oscar e a prêmios do Sundance Festival: Paola de Fiori e Lisa Leeman, esta sendo a vencedora de um dos troféus do Sundance em 1990 por *Metamorphosis: Man Into Woman*.

Por ser o Yoga baseado na prática e na experiência, em vez de na adesão a um conjunto particular de crenças, seguidores de todas as religiões podem se beneficiar dos ensinamentos espirituais contidos nas lições recebidas por correspondência. Quando praticados regularmente, esses métodos levam infalivelmente a níveis mais profundos de consciência e percepção espiritual. Após um período preliminar de estudo e prática das técnicas básicas, os estudantes qualificam-se para solicitar a iniciação em Kriya Yoga. Naquele momento, eles estabeleceram formalmente a sagrada relação guru-discípulo com Paramahansa Yogananda e sua linhagem de gurus. Fazendo contato com a Sede Internacional, os estudantes da Self-Realization Fellowship também podem receber a qualquer tempo, gratuitamente, orientação pessoal em sua prática por parte de experientes conselheiros de meditação da ordem monástica da Self-Realization Fellowship. Além disso, eles podem assistir às aulas sobre as técnicas de meditação ministradas periodicamente no mundo inteiro por monges da SRF[36]. Os estudantes também recebiam, durante o ano, cartas especiais de inspiração e incentivo da presidente da SRF, Sri Mrinalini Mata, e também boletins e outras publicações da Self-Realization Fellowship.

A SRF propaga a doutrina religiosa de seu fundador, orientada, em particular, para a prática da Kriya Yoga. O principal guia doutrinário é a obra *Autobiografia de um Yogue Contemporâneo*, de Yogananda.

Do Conselho de Diretores da Self-Realization Fellowship ainda participaram outros discípulos diretos de Yogananda, que administram questões editoriais, os mais de 600 templos, retiros e alguns milhares de grupos em todo mundo; além de capacitarem novos monásticos e darem atendimento telefônico e pessoal aos estudantes, conduzem convocações anuais em muitos países com cerimônias de iniciação em Kriya e desenvolvem ações humanitárias.

Yoganada publicou vários livros e, dentre eles, podem ser destacados:

- *Autobiografia de um Yogue Contemporâneo*
- *A Eterna Busca do Homem – Coletânea de palestras e ensaios – Volume 1*
- *O Romance com Deus – Coletânea de palestras e ensaios – Volume 2*
- *Meditações Metafísicas*
- *Afirmações Científicas de Cura*
- *No Santuário da Alma*
- *Viva sem Medo*
- *Para Ser Vitorioso na Vida*
- *A Ciência da Religião*
- *Onde Existe Luz*
- *Assim Falava Paramahansa Yogananda*
- *A Yoga de Jesus*

---

[36] Essas aulas estão abertas apenas para estudantes da SRF.

- *A Yoga do Bhagavad Gita*
- *Paz Interior*
- *Medja – The Family and the Early Life of Paramahansa Yogananada*
- *A Lei do Sucesso*
- *Coleção Oficial e Completa dos Livros de Paramahansa Yogananda em Português*

Sri Yukteswar Giri

Sri Yukteswar Giri, mestre de Yogananda[37]

---

[37] https://fineartamerica.com/featured/sri-yukteswar-giri-on-gold-sacred-visions.html

Sri Yukteswar Giri, também conhecido como Sriyukteswar Giri e Sriyukteshvar Giri, nasceu em Serampore, em 10 de maio de 1855, e faleceu em Puri, no dia 9 de março de 1936. Sri Yuteswar Giri é o nome monástico de Priyanath Karar, o guru de Paramahansa Yogananda. Sri Yukteswar foi um Jyotisha, ou seja, um astrólogo tradicional, um Yogue e um grande conhecedor do Bhagavad Gita e da Bíblia. Ele foi um discípulo de Lahiri Mahasaya em Varanasi e membro do ramo Giri da ordem Swami. Yogananda referia-se a Sri Yukteswar como Jnanavatar, ou "Encarnação da Sabedoria".

Sri Yukteswar foi um sábio indiano que vivenciou a verdade para depois a pregar. Ele não tinha apenas o conhecimento teórico do que ensinava aos seus discípulos. Antes, ele realizou e assimilou toda a verdade que possuía em sua consciência, fazendo-a sua, para depois a transmitir.

Ele é um dos seis mestres que tiveram como missão divina disseminar ensinamentos sagrados e técnicas espirituais científicas por meio da Self-Realization Fellowship. A parte de Sri Yukteswar, em relação a essa missão, foi preparar seu principal discípulo, Paramahansa Yogananda, para a fundação de tal instituição.

Yukteswar converteu a ampla casa de dois andares de sua família, em Serampore, em um ashram, chamado "Priyadham", onde residiu com seus alunos e discípulos. Em 1903, ele também estabeleceu um ashram na cidade litorânea de Puri, chamando-o de "Karar Ashram". Nesses dois ashrams, Sri Yukteswar ensinou seus alunos e deu início a uma organização chamada "Sadhu Sabha".

Um interesse pela área educacional fez com que Sri Yukteswar desenvolvesse uma ementa para escolas, abordando temas de Física, Fisiologia, Geografia, Astronomia e Astrologia. Ele também escreveu um livro, *Primeiro Livro*, para bengaleses, sobre o aprendizado básico do idioma Inglês e hindi, e um livro introdutório à Astrologia. Mais tarde, ele se interessou pela educação das mulheres, o que era incomum em Bengala naquele tempo. Em português, a Self Realization Fellowship pubricou o livro *A Ciência Sagrada* (Kaivalya Darsanan), de autoria de Sri Yukteswar Giri, em 2011.

Lahiri Mahasaya

Lahiri Mahasaya[38]

---
[38] http://kriyayogananda.blogspot.com/2016/11/a-vida-de-lahiri-mahasaya.html

Shyama Charan Lahiri nasceu em 30 de setembro de 1828 e faleceu em 26 de setembro de 1895. Foi um grande Yogue indiano e o guru de Sri Yukteswar Giri. Mahasaya é um título religioso em sânscrito que significa "Grande Alma".

Lahiri viveu com sua família em Varanasi, e destacou-se entre os homens indianos sagrados por ter sido um chefe de família ao invés de morar num templo ou monastério distante da vida familiar. Mesmo assim, alcançou uma reputação substancial entre os religiosos do século XIX.

Mahasaya foi um funcionário de escritório até aproximadamente seus 30 anos de idade, quando conheceu seu guru, Mahavatar Babaji. Lahiri foi escolhido por seu lendário guru para reintroduzir a prática perdida da Kriya Yoga no mundo moderno. Lahiri Mahasaya profetizou que o jovem Yogananda seria um grande Yogue. Paramahansa Yogananda conta muitas histórias sobre Lahiri Mahasaya em seu livro *Autobiografia de um Yogue Contemporâneo*.

Três claros princípios ensinados por Lahiri Mahasaya sobre o que ele acreditou ser características fundamentais de um verdadeiro guru:

1. Um verdadeiro guru nunca irá pedir dinheiro ou presentes[39];

2. Um verdadeiro guru nunca assumirá um título especial que possa distanciá-lo ou elevá-lo sobre outros[40];

3. Um verdadeiro guru nunca pedirá a um seguidor a rendição do próprio livre arbítrio.

A prática espiritual central que ele ensinou aos seus discípulos foi a Kriya Yoga, uma série de práticas interiores de prânâyâma que prontamente agilizam o crescimento espiritual do praticante. Além disso, o praticante deveria visualizar uma energia subindo e, em seguida, descendo pela coluna vertebral, pelas costas. Ele ensinou essa técnica a todos os interessados sinceros, independentemente de sua bagagem religiosa.

---

[39] O próprio Lihiri pediu doações para as pessoas que ele iniciou na Kriya Yoga. Essa prática foi continuada por algum de seus discípulos. Presume-se que essa doações foram direcionadas à disseminação da mensagem do Kriya Ioga, ao invés de beneficiá-lo.

[40] "Mahasaya" é um título que significa "Grande Alma", então há exceções a esse princípio. Outros discípulos de Lahiri Mahasaya também receberam legitimidamente e aceitaram títulos espirituais.

Giri Bala

À direita, Giri Bala[41]

Nascida em 1868, essa grande mulher Yogue não se alimentava nem bebia líquidos desde o ano de 1880. Seu ato de não comer foi rigorosamente investigado por Maharaja de Burdwan. Ela aplicava determinadas técnicas de Yoga para recarregar seu corpo com a energia Cósmica que Giri retira do ar e do sol.

A história de Giri Bala foi contada para Yogananda quando ele se encontrou com ela. Na ocasião do encontro, ela já tinha a idade de 68 anos. Naquela época, Giri já não comia ou bebia há mais de 56 anos. Giri sempre foi mantida sob total vigilância e estudos. Existem menções de que ela é pura luz.

Com Yogananda, ela dividiu sua história e disse que, quando era criança, tinha muita dificuldade em se alimentar e, aos 9 anos, teve um

---

[41] https://inscribedonthebelievingmind.blog/2018/09/15/giri-bala/

sério problema de ingestão que a fez jurar que, enquanto vivesse, nunca mais colocaria nada em sua boca.

Numa grande devoção, ela rezou para que o Supremo lhe enviasse um Guru que pudesse lhe ensinar como viver apenas da Luz Divina. Foi então que um Guru se materializou diante dela e ela pode iniciar a arte de uma específica tecnica Yoga chamada Kriya, que liberta o corpo das necessidades de substâncias físicas.

Nagendra Nath Baduri

Nagendra Nath Bhaduri[42]

Conforme narra Paramahansa Yoganada no capítulo 7 de seu livro *Autobiografia de um Yogue Contemporâneo*, Nagendra Nath Bhaduri foi um Yogue que levitava, mediante a prática de prânâyâmas. Quem contou o fato a Yogananda foi o seu amigo Upendra Mohum Chowdhury. Nagendra viveu na cidade de Upper Circular Road.

---

[42] http://pranandaji.blogspot.com.br/2013/02/o-santo-que-se-levita.html

Dizem algumas escrituras do Yoga que o Yogue perde sua densidade depois que pratica certos prânâyâmas. Com isso pode levitar e pular de um lado para o outro, como se fosse uma rã. Ele lia muito sobre Mira Bhai, princesa medieval de Rajput e poetisa, que escreveu poesias dedicas a Krishna.

Nagendra mantinha correspondência com pessoas da Europa e dos Estados Unidos que eram muito interessadas em Yoga. Em conversa com Yogananda, ele fez previões sobre a futura ida desse aos Estados Unidos. Nagendra fazia palestras sobre pacifismo dirigidas aos seus discípulos. Estes lhe pagavam pelas suas lições, colocando rúpias nos seus chinelos.

Swami Kebalanada

Swami Kebalanada[43]

---
[43] https://yoganandasite.wordpress.com/2018/09/22/lahiri-mahasaya-living-temple-of-god-sw-kebalananda-yogananda-ay/

Não se sabe quem era seu pai. Sabe-se, porém, que Swami foi um dos maiores discípulos de Lahiri Mahasaya. Kebalanada, que morava em Benares, foi uma notável autoridade sobre a literatura sagrada da Índia, os Shastras. Por sua erudição, ganhou o título de "Shastra Mahasaya", o qual ele usava em sua correspondência.

No tempo do seu encontro com Mahasaya, ele não tinha entrado na ordem dos Swamis. Foi o professor de sânscrito de Paramahansa Yogananda, seguindo o desejo do seu pai. Kebalanada foi um grande Yogue e erudito.

Yogananada sentia, na sua presença, certa fragrância de lótus. Diante dele percebia que estava em estado de Samâdhi, várias vezes. Kebalanada, ao ensinar, sentava-se em um banco de madeira sem espaldar, tendo os seus discípulos aos seus pés.

B.K. S. Iyengar

Belllur Krishnamachar Sundararaja Iyengar, mais conhecido como B.K.S Iyengar, nasceu em Bellur no dia 14 de dezembro de 1918 e faleceu em Pune, no dia 20 de agosto de 2014. Ele foi o fundador do "Iyengar Yoga" e um dos mais respeitados professores de Yoga no mundo, além de ter escrito um grande número de textos sobre Yoga. Milhões de estudantes e seguidores em todo o mundo praticam o Iyengar Yoga. Ele faleceu vítima de insuficiência cardíaca e renal aos 95 anos de idade.

Por meio da sua imensa capacidade intelectual e espiritual, B.K.S. Iyengar criou a técnica e os princípios que subjazem à tão conhecida variante de Yoga, o "Iyengar Yoga". A modalidade tem como objetivo essencial, aproximar a prática do Yoga de qualquer ser humano, ainda que tenha especiais dificuldades no exercício físico. Essa modalidade incentiva o uso de material na prática dos ásanas, permitindo que algumas dificuldades ou obstáculos possam ser transpostos mediante a sua utilização, além de encorajar os praticantes que podem recorrer ao material citado. A sua abordagem permite que qualquer ser humano possa experienciar por si só a sabedoria inerente do Yoga Sutra de Patañjali.

Na sua infância, B.K.S. Iyengar foi vítima de malária, tuberculose e febre tifóide. Foi introduzido no Yoga aos 16 anos pelo seu Guru, Sri T. Krishnamacharya, e, aos 18 anos, foi enviado a Pune, para ensinar Yoga, uma vez que tinha alguns conhecimentos de inglês.

Em 1934, seu cunhado Tirumalai Krishamamacharya, indagou ao filho de Iyangar se este desejava vir à Mysore para intensificar a sua prática de Yoga. Ali, ensinou-lhe ásanas, melhorando sua saúde. Krishnamacharya, Iyengar e outros alunos fizeram demonstrações na corte do Maharaja, em Mysore, o qual teve uma influência positiva sobre Iyengar e passou a considerar a sua associação com Iyengar um aspecto importante da sua vida. Iyengar passou a ter alta consideração por Krishnamacharya.

Ao longo dos anos, a sua prática e experiência entusiasmou diversos praticantes, entre eles: Dr. Rajendra Prasad (primeiro presidente da Índia), Dr. Mohammad Hatta (ex-vice-presidente da Indonésia), Papa Paulo VI, dentre muitas outras grandes personalidades mundiais.

Quando estive na Índia, em 2006, conheci Iyengar em um Congresso de Yoga, realizado na cidade de Pune, no estado de Maharasthra. Na época, ele estava bastante idoso.

Iyengar na companhia de outras pessoas, em um Congresso de Yoga, realizado em Pune[44]

---

[44] Arquivo pessoal do autor.

Iyengar publicou vários livros, dentre eles: *Light on Yoga* (1966), *Light on Pranayama: The Yogic Art of Breathing* (1981), *The Art of Yoga* (1985), *The Tree of Yoga* (1988), *Light on the Yoga Sutras of Patanjali* (1996), *Light on Life: The Yoga Journey to Wholeness, Inner Peace, and Ultimate Freedom* (2005), *Yoga: The Path to Holistic Health* (2007), *Astadala Yogamala: Collected Works* (8 volumes, 2000-2008), *Yoga Wisdom and Practice* (2009), *Yaugika Manas: Know and Realize the Yogic Mind* (2010) e *Core of the Yoga Sutras: The Definitive Guide to the Philosophy of Yoga* (2012).

Bhagavan Nityananda

O grande Yogue Bhagavan Nityanada, que vivia em permanente estádio de Samâdhi, foi o mestre espritual do famoso Swami Muktanada. A palavra "Nityananda" significa "Eterna Graça". Nada se sabe sobre o seu nascimento.

Desde a sua infância, Bhagwan manteve a sua cabeça raspada. Em certas ocasiões, usava a roupa de samnyasi, de cor laranja, levando à crença de que ele foi ordenado na ordem Nandapadma de Samnyasis. Deixando a casa, Bhagwan passou cerca de 6 anos nos Himalaias e, em seguida, quando jovem apareceu em Kannangarh, ele estava em Nirvikalpa Samâdhi há muito tempo, em uma caverna. Não havia água por ali. Bhagwan criou o fluxo de água da caverna que fluiu durante algum tempo.

Bhagwan nasceu um Siddha, ou seja, era dotado de poderes paranormais. Ele praticava tapas (auteridades) intensas para inspirar os devotos. Nityananda viveu em Dharamsala, Udipi, Mulki, Kanangarh, Gokarna e outros lugares. Pelos seu poderes e sua graça, pessoas foram aliviadas de angústias, doenças e misérias. Os devotos foram abençoados, mas as pessoas incrédulas o espancaram, jogaram pedras, tentaram queimá-lo ou o envenenar.

Bhagwan levou uma vida extremamente simples. Ele tomava banho antes do amanhecer e comia muito pouco. Geralmente estava profundamente imerso na consciência divina, com os olhos fechados e um sorriso beatifico no rosto. Na maior parte do tempo em silêncio, às vezes ele respondia a perguntas de um devoto sincero, com palavras simples, expressando verdades profundas.

Com conhecimento de hindi, inglês, tamil, telugu, malayalam, kannada e marathi, ele ensinava aos buscadores de acordo com suas capacidades.

Ele nunca dormia durante a noite e permanecia bem acordado durante o dia. Em todas as estações e climas, ele usava uma roupa de linho ou lã. Seus devotos, que permaneciam em longas filas, por horas, na chuva ou no sol, vinham à sua presença na busca pela paz e sua graça. As perguntas eram respondidas automaticamente, alcançando o coração do devoto. O silêncio, a quietude e a paz prevaleciam. Essa alegria e paz dominavam os devotos, surgindo espontaneamente dentro deles, sem qualquer causa aparente. Bastava estar perto de Nityananda.

O amor de Bhagwan pelas crianças era imenso. Mais de mil crianças de aldeias próximas recebiam diariamente refeições matinais gratuitas em Balbhojan. Como um deles, Bhagwan costumava estar entre as crianças, dando-lhes doces, brinquedos e roupas. Pessoas de todas as religiões e castas vinham até ele, adorando-o à sua maneira. Todos sentiam a mesma paz e alegria interior. Alto ou baixo, piedoso ou pecador, todos chegaram até ele para pedir graças.

Os devotos com desejos mundanos ou espirituais, vinham a Ganeshpuri. Os buscadores ardentes da verdade, encontravam seu último recuso, em Bhagwan. Aqueles que queriam acabar com seu sofrimento, permanentemente aceitaram Bhagwan como seu Guru. Aqueles que queriam escapar do ciclo de nascimento e morte e se tornarem imortais, oraram a Bhagwan para lhes mostrar o caminho. Para os mais sérios buscadores, a lâmpada da verdade foi iluminada, apenas por um olhar, um toque, uma palavra ou um pensamento do mestre Nityananda. Bhagwan não pertencia a uma determinada fé, credo ou sociedade. Muitos acreditavam que Bhagwan não iniciou ninguém, ou deu-lhes um mantra. O fato é que Bhagwan abençoou inúmeros devotos com mantras de forma confidencial. Aqueles que continuaram sua jornada espiritual e procuravam os mantras que lhes foram dados fizeram, grandes progressos espirituais.

Bhagwan reduziu sua ingestão de comida quase inteiramente para entrar em preparação, a fim de abandonar seu corpo físico, o que o fez emagrecer muito. Em Gurupurnima, em 27 de julho de 1961, ele permaneceu deitado, durante as orações. Depois de 12 dias deitado, com a cabeça em direção ao norte, no salão superior do edifício de Banglorewala, ele deixou seu corpo, unindo sua alma ao infinito. Eram 10 horas e 42 minutos da manhã, do dia em 8 de agosto de 1961. Nessa hora, ele manteve-se calmo, com brilho e serenidade, mesmo no último momento.

Bhagavan Nityanada[45]

[45] https://br.pinterest.com/pin/56576539040071272/?lp=true

Osho Rajneesh

Rajneesh Chandra Mohan Jain nasceu em Kuchwada, na Índia, dia 11 de dezembro de 1931 e faleceu em Pune, na Índia, dia 19 de janeiro de 1990. Seu nome de batismo é Chandra Mohan Jain, mas é também conhecido como Acharya Rajneesh Bhagwan Shree Rajneesh e Osho. Foi um guru indiano, líder do movimento. Durante sua vida, foi visto como um místico e um polêmico líder desse novo movimento religioso. Nos anos 1960, ele viajou pela Índia como orador público e foi um crítico do socialismo, argumentando que a Índia não estava pronta para esse sistema e que o socialismo, o comunismo e o anarquismo só poderiam evoluir quando o capitalismo atingisse sua maturidade. Rajneesh também criticou Mahatma Gandhi e a ortodoxia religiosa hindu. Ele enfatizou a importância da meditação e do humor, qualidades que via como sendo suprimidas pela adesão a sistemas de crença estáticos e pela tradição religiosa. Passou a defender uma atitude mais aberta em relação à sexualidade ashran, restringindo seusucesso na Índia durante o final dos anos 1960, ficando conhecido como "Mestre do Sexo".

Em 1970, Rajneesh morou em Mumbai iniciando seguidores conhecidos como "neo-sannyasins". Durante esse período, ele expandiu seus ensinamentos espirituais e comentou extensivamente seus discursos sobre os escritos de tradições religiosas, místicas e filósóficas de todo o mundo. Em 1974, Rajneesh mudou-se para Pune, onde um ashram foi estabelecido e uma variedade de terapias foi oferecida a um crescente número de seguidores ocidentais. No final da década de 1970, a tensão entre o governo do Partido Janata de Morarji Desai e o movimento Rajneesh gerou uma dívida estimada em 5 milhões de dólares.

Em 1981, os esforços do movimento concentraram-se em atividades nos Estados Unidos e Rajneesh mudou-se para uma instalação conhecida como Rajneeshpuram no Condado de Wasco, no Oregon. O movimento entrou em conflito com os moradores do condado e o Governo do Estado, quando uma sucessão de batalhas judiciais passou a existir contra a construção do ashram, restringiram seu sucesso no local. Em 1985, após uma série de crimes graves cometidos pelos seus seguidores, incluindo um ataque de intoxicação alimentar em massa com bactérias *Salmonella* e um plano de assassinato abortado contra um procurador de justiça, Rajneesh alegou que a sua secretária pessoal, Ma Anand Sheela, e seguidores próximos, eram os verdadeiros responsáveis. Após um acordo judicial, ele foi deportado dos

Estados Unidos. Após sua deportação, 21 países negaram sua entrada. Ele finalmente retornou à Índia e reviveu o ashram de Pune, onde morreu em 1990, aos 59 anos de idade.

Os ensinamentos de Osho eram dados sob a forma de discursos e práticas de meditação. Ele escreveu dezenas de livros sobre vários temas religiosos.

Swami Satyananda Sarasvati

Swami Satyananda Sarasvati nasceu em Almorah, Uttar Pradesh, em 25 de dezembro de 1923 e faleceu em 5 de dezembro de 2009. Foi discípulo de Swami Shivananda, sendo um professor de Yoga e guru ligado à Sociedade da Divina Luz, localizada em Rishikesh. Começou sua busca espiritual com 19 anos. Em 1955, viajou pela Índia como asceta.

Respeitado mestre de Yoga e tantra, fundou a Bihar School of Yoga em 1963. A Bihar Yoga Bharati foi fundada em 1994, sendo a primeira universidade mundial de Yoga, fundada por seu discípulo Swami Niranjananda. Essa universidade era um dos sonhos de Swami Satyananda e de seu guru, Swami Shivananda.

Em 1984 fundou um instituto para assistência à população pobre, o Yoga Research Foundation. Em 1988, retirou-se da vida pública. É autor de mais de 80 livros sobre Yoga e espiritualidade.

Swami Satyananda e seus discípulos usam práticas de Yoga tradicionais:

- ásanas, para equilibrar o corpo e a mente por meio do corpo físico;

- prânâyãma, para trabalhar o corpo sutil;

- meditação, para acalmar e focar a mente.

Incentivavam também a adoção de um estilo de vida Yogue, ainda que a pessoa esteja inserida na vida diária familiar.

Adotavam as atitudes da Jñana Yoga, Bhakti Yoga e outras Yogas para abranger todos os aspectos da vida do aluno e permitir seu desenvolvimento espiritual. Essa abordagem engloba toda a pessoa, não apenas o corpo. A ênfase está na consciência. O estudante é incentivado a conhecer todos os aspectos de sua personalidade.

O Bihar Yoga Bharati (Instituto de Estudos Avançados das Ciências Yogues) provê formação acadêmica completa, educação e treino em práticas Yogues em um ambiente residencial de ashram, onde o Yoga é vivenciado como parte integrante da vida diária: ao lado da educação Yogue, pratica-se: "seva", ou serviço desinteressado; "samarpan", ou dedicação; e "karuna", que é a compaixão.

A ideia de uma universidade de Yoga na Índia, surgida com Swami Shivananda Saraswati, é realizada em Bihar, seguindo a linha das grandes universidades de Nalanda e Vikramshila. Graduação e pós-graduação nos níveis de mestrado (MSc) e doutorado (PhD.) fazem parte de sua estrutura. Essa proposta tem atraído estudantes de diversas formações culturais e de vários países do mundo.

Bihar Yoga Bharati é estruturado como gurukula ou a família do guru. Ou seja: o estudante aprende o estilo de vida do guru ao partilhar de todos os aspectos de sua vida diária.

Em português, foi publicado o livro *Yoga Nidrâ* (Yoga do Sono), de autoria de Paramahansa Satyananda, pela Editora Thesauros, de Brasília, em 1976.

Dr. Manohar Laxman Gharote

Conheci o médico PhD. Dr. Manohar Laxman Gharote em Curitiba. Nascido em 21 de maio 1931, ele trabalhou no Kaivalyadhama Yoga Institute de Lonavla (Índia) como discípulo direto de Swami Kuvalayananda. Depois do falecimento deste, Gharote continuou na mesma Instituição realizado várias atividades, tais como a de diretor assistente de pesquisa científica, diretor de pesquisa filosófico-literária e secretário Gerald do College of Yoga and Cultural Synthesis durante 30 anos, quando então, montou o Lonavala Yoga Institute. Ele trabalhou por mais de 40 anos colecionando material para a *Encyclopaedia of Traditional Asanas*. Este foi um sonho de Swami Kuvalayananda que Gharote realizou. A referida Enciclopédia é o melhor livro sobre o Hatha Yoga que eu conheço.

Carlos Alberto Tinoco

Dr. Manohar Laxman Gharote[46]

---

[46] www.google.com/search?q=Dr.M.L+Gharote&client=firefox-b-d&sxsrf=

Conheci o Dr. Gharore quando este ministrava um curso nas Faculdades Integradas Espírita, em Curitiba. Era uma pessoa sábia com quem conversei demoradamente sobre o Yoga Sutras de Patañjali. Aprendi muito com ele, que foi um mestre espiritual muito conceituado.

Manohar foi um dos pioneiros no Ocidente a estudar e traduzir textos sânscritos do Hatha-Yoga. Trabalhou por mais de 25 anos na área da pesquisa científica, literária e terapêutica. Além de ministrar treinamentos e cursos, trabalhou em várias Comissões Governamentais e Universitárias de Yoga, participando tanto de conferências nacionais quanto internacionais.

Viajou extensivamente por quase todo o mundo, contribuindo com vários artigos de investigação científica e literária sobre diversos aspectos do Yoga. Ao Brasil, veio periodicamente durante 32 anos. É autor e coautor de vários livros populares sobre o Yoga: *Yoga Aplicada, Técnicas de Yoga, Gheranda Samhitâ* e *Brihadyogi-yajnavalkaya-smriti*, traduzido para o inglês. Além de conhecê-lo pessoalmente na Instituição, também o vi em um Congresso de Yoga na Índia, em 2006, e no I Congresso Sul – Brasileiro de Yoga, realizado em Curitiba no ano de 2003.

Dentre as suas principais publicações, pode-se destacar as seguintes: *Técnicas de Yoga* (Phorte Editora, s/d); *Yoga Aplicada: Teoria e prática* (FMC Phorte Editora, 2002); *Pranyma: La Ciencia de la Respiracion – Teorias y Guia para la Práctica; Encyclopaedia of Traditional Asanas* (The Lonavla Yoga Institute, 2006); *An Introduction to Yukthabavadeva of Bhavadeva Misra* (The Lonavla Yoga Institute, 2002); *Siddhasiddhantapaddhatih – A Treatise on the Natha Philosophy by Goraksanatha* (The Lonavla Yoga Institute, 2005).

Swami Muktanada

Swami Muktananda nasceu em 1908 e faleceu em 1982. Iniciou a sua vida como um monge mendicante, um sadhu. Foi um ser extraordinário que iluminou os corações de mihares de pessoas na Índia, sua terra natal, e em todo mundo. Ele ensinou que o Supremo habita em cada coração como o nosso Ser mais profundo. O objetivo de todas as pessoas é descobrir essa Divindade Interior. O caminho para essa descoberta é shaktipada, a iniciação divina, a transferência da graça do mestre ao discípulo. Mantida em segredo por séculos, shaktipada desperta o poder transformador da Consciência, chamado Kundalinî, que impulsiona o buscador a uma vida espiritual autêntica.

Ele narra o seu encontro com o seu mestre, do seguinte modo:

"Conheci meu Guru, Bhagavan Nityananda quando eu era muito jovem. Eu tinha quase dezesseis anos e ainda estava na escola. Gurudev amava crianças, então, sempre que ele chegava a nossa escola, todos nós deixaríamos nossas aulas para segui-lo. No momento em que o seguimos, ele começaria a correr e a gritar. Nós correríamos atrás dele, e então ele escalava uma árvore e em um dos seus galhos, se sentava. Nós ficávamos lá, debaixo da árvore. Ele era um ótimo corredor. Ele também era um ótimo caminhante, andava muito rápido.

Naquela época, ele não permanecia em um lugar por muito tempo. Ele continuava caminhando dia e noite. Ele caminharva quarenta milhas por dia e então, desaparecia. Ele usava apenas uma tanga, e caminhava sempre. Finalmente, ele foi a Ganeshpuri onde se instalou permanentemente.

Depois que o conheci, desisti da escola. Eu também comecei a viajar. Primeiro eu fui a Karnataka onde comecei a estudar escrituras e onde conheci um grande Siddha, chamado Siddharudha Swami. Continuei a viajar por toda a Índia e conheci outros dois grandes santos.

Eu tinha lido alguns livros aqui e ali e tinha algum conhecimento sobre as escrituras sagradas. Naquela época, eu havia mudado minhas roupas, usando as vestes de um Swami.

Eu costumava ir a Ganeshpuri e lá, conversava com Baba com bastante frequência. Então ele me disse para viajar mais. Por cerca de quinze anos, eu continuava indo e vindo por toda a Índia. Eu visitava os lugares sagrados na Índia. Conheci grandes templos. Busquei intensamente pelo Supremo em cavernas, montanhas e florestas. Não me lembro exatamente em quantos templos eu O procurei ou, em quantos santuários eu meditei sobre Ele, sem sucesso. Rezei em muitos templos diferentes.

Seu estilo de vida era extremamente simples. Ele se banhava muito cedo pela manhã, antes do nascer do sol e comia muito pouco. Sua simplicidade e renúncia revelaram a grandeza de seu estado interior.

Na maioria das vezes, Gurudev ficava em silêncio. No entanto, se alguém lhe fazia uma pergunta, ele respondia em palavras muito simples, que eram imediatamente compreendidas.

Na maioria das vezes, os seus olhos permaneciam fechados. Seu olhar era extremamente poderoso. Ele nunca olhou para ninguém com os olhos abertos. Mesmo comendo ou bebendo, ele mantinha os olhos fechados.

Certa vez, ele me deu um mantra que me transformou completamente. Mas, tive que passar certo tempo com ele, para recebê-lo. O mantra que recebi, depois de tantos anos se espalhou pelo meu corpo, da cabeça aos pés como um incêndio levado pelo vento".[47]

Muktanada viveu nos Estados Unidos, na Califórnia, onde conheceu o psicólogo transpessoal Stanlislav Grof e a sua esposa, Cristhina Grof, sendo o mestre espiritual de ambos. Eles lhe ensinaram um tipo de prânâyâma capaz de alterar a consciência dos praticantes. Mais tarde, eles modificaram esse prânâyâma, transformando-o na "Respiração Holotrópica".

A respiração holotrópica, uma técnica moderna da psicologia transpessoal que associa respiração rápida e profunda, música evocativa de outras culturas, trabalho corporal e arte, está ajudando pessoas a se curarem de traumas psíquicos ou físicos e, até, de alguns distúrbios psicossomáticos. O criador da respiração holotropica, o psiquiatra checo Stanislav Grof, é um dos pioneiros da psicologia transpessoal.

Ele afirma que a ampliação da consciência ao entrar em estados incomuns tem um grande potencial curativo. É muito útil para a psicoterapia e para a autodescoberta, pois libera emoções profundas que estão reprimidas, permitindo também o acesso a vivências de caráter espiritual, facilitando o reencontro e a reconexão da pessoa com sua natureza interior.

Segundo Grof, a psicologia tradicional só estuda o que acontece com o indivíduo após o seu nascimento. Ele, entretanto, afirma que alguns comportamentos podem ter raízes mais profundas e só serão completamente curados por meio de estados incomuns da consciência ou holotrópicos. O psiquiatra constata que as raízes mais profundas de alguns distúrbios psicológicos encontram-se na fase perinatal, vivenciados pelo feto durante sua concepção e gestação até o nascimento, que é geralmente traumático. A psicologia transpessoal defende o estudo científico da espiritualidade humana. A espiritualidade natural do ser humano é encarada, muitas vezes, como doença pela ciência tradicional.

A palavra holotrópico vem do grego, significando "mover-se em direção à totalidade". Os estados holotrópicos podem acontecer espontaneamente ou serem alcançados por técnicas como a respiração holotrópica. A técnica criada por Grof e sua esposa, Christina, permite o acesso aos inconscientes pessoal e coletivo.

---

[47] Tradução do autor baseada no site https://en.wikipedia.org/wiki/Muktananda.

A técnica é contra-indicada para pessoas com doenças vasculares e cardiovasculares, hipertensão severa, glaucoma, diabetes, doenças contagiosas agudas, cirurgias recentes, doenças mentais complicadas, epilepsia e gravidez. É que durante as sessões, pode-se reviver emoções muito fortes, o que não seria indicado nesses casos.

O método utilizado na Respiração Holotrópica, combina uma respiração mais rápida e profunda que a habitual com música evocativa, trabalho corporal e arte, permitindo que os participantes ampliem sua consciência e se conectem à sabedoria e à capacidade de cura próprias de seu corpo e psiquismo, instância psíquica que Grof chamou de curador interno.

Esse estado incomum de consciência tem a surpreendente capacidade de selecionar e trazer à tona, conteúdos de forte carga emocional e, portanto, de grande importância às nossas dinâmicas psíquicas. Podemos reviver ou nos conectar não somente com material biográfico (do nascimento até o momento presente), como normalmente se faz na psicoterapia tradicional, mas também ter acesso às memórias de gestação e às de parto, além de um ilimitado espectro dos fenômenos transpessoais.

Gurumay Chidvilasanda

Gurumay é uma professora espiritual, uma mestra cuja identificação com o Ser Supremo é ininterrupto. A qualidade única e rara de um Guru Siddha é a sua capacidade de despertar a energia espiritual, kundalinî, em buscadores por meio de shaktipat.

Gurumayi Chidvilasananda nasceu em Mumbai, na Índia, em 24 de junho de 1955. Ela é uma Guru Siddha que andou no caminho da Yoga sob a orientação de seu Guru, Swami Muktananda. Gurumayi recebeu o poder e a autoridade da linhagem Yoga Siddha de Swami Muktananda antes de falecer, em 1982. Ela ensina a mensagem do Siddhas: que a experiência da consciência divina é atingível no corpo humano. Gurumayi constantemente nos aponta de volta para dentro de nós mesmos, estado que é possível e acessível.

Como um Guru Siddha, ela cumpre a sua missão de despertar o potencial dos discípulos para a iluminação concedendo shaktipat. Por meio de seus ensinamentos, seus escritos e de Siddha Yoga, ela orienta os alunos nessa jornada mística para o Supremo, ajudando-os a ir além de suas próprias limitações e a alcançar a meta. Gurumayi expressa um grande amor e reverência para com as crianças como os titulares de nosso futuro, e já escreveu livros e canções especialmente para elas.

Seus ensinamentos são disponibilizados para candidatos de todas as idades, em todo o mundo, por meio do trabalho da Fundação SYDA. Em sua Mensagem Siddha Yoga para o ano de 2003, Gurumayi descreve a essência de sua visão para todos os seres humanos.

Na verdade, o dom da vida deve ser sempre reconhecido e nunca ser tomado como garantido. Porque a vida é tão preciosa? O Siddha Yoga reconhece, que nesta vida humana temos uma rara oportunidade. Nós podemos transformar uma percepção comum do universo em uma visão extraordinária. Para se estar neste planeta e contemplar o universo a partir da perspectiva divina, é preciso ter um coração iluminado. Este é o mais alto dever de um ser humano.

Gurumayi Chidvilasananda é o nome comumente usado por Malti Shetty, atual guru da linhagem do Siddha Yoga. Formalmente, porém, é conhecida como Swami Chidvilasananda ou, mais casualmente, como Gurumayi. A linhagem do Siddha Yoga foi criada por Bhagavan Nityananda, cujo discípulo era Swami Muktananda .

Malti Shetty foi a filha mais velha de um proprietário de restaurante em Mumbai. Ele e sua esposa eram devotos de Swami Muktananda na década de 1950. Malti foi trazida pela primeira vez ao Gurudev Siddha Peeth, ashram em Ganeshpuri quando ela tinha 5 anos de idade. Durante sua infância, seus pais traziam ela, sua irmã e dois irmãos para o ashram nos finais de semana.

Depois de ter sido iniciada por Muktananda por intermédio de shaktipat aos 14 anos, Malti mudou-se para o ashram como uma discípula formal e estudante de Yoga. Com 15 anos, Muktananda a fez sua tradutora oficial do inglês e ela, por sua vez, o acompanhou em sua turnês mundiais.

Em 03 de maio de 1982, Malti Shetty foi iniciada como uma sannyasin na ordem Saraswati, tendo votos de pobreza, celibato e obediência. Adquiriu, então, o título e o nome monástico de Swami Chidvilasananda. Nesse momento, Muktananda, formalmente, designa Chidvilasanda como uma de suas sucessoras, juntamente ao seu irmão Subhash Shetty, agora conhecido pelo seu nome monástico de Mahamandaleshwar Nityananda.

Em 1992, ela incorporou o Projeto Prasad, nos Estados Unidos. O projeto Prasad é uma ONG com status consultivo especial, junto ao Conselho Econômico e Social das Nações Unidas.

Em 1997, ela fundou a Muktabodha Indological Instituto de Pesquisa. Chidvilasananda é uma cantora soberba, com um ressonante contralto e uma voz profunda, a qual ela usa com grande efeito quando está diante dos seus devotos. Ela já gravou vários álbuns de música, incluindo o mantra *Om Namah Shivaya*.

Em 1994, Lis Harris observou que o ashram Gurumayi no estado de Nova Iorque é muito moderno, contendo três hotéis com motivos perfeitamente paisagísticos, contruído em um terreno de 550 hectares, e tinha um valor de mercado estimado entre 15 e 17 milhões de dólares em 1994. O ashram foi capaz de ganhar mais de quatro milhões de dólares, em 1989, vendendo livros e outras mercadorias. Seus críticos acreditam que ela se associa com celebridades. Eles acreditam que o seu comportamento contradiz o que se espera de um renunciante. Sob a orientação de seus ensinamentos, os estudantes Yoga Siddha abraçam as práticas espirituais do Yoga, incluindo meditação, mantras, contemplação e estudo e serviço abnegado, como o meio para se alcançar a auto realização. O Siddha Yoga é uma tradição de ensinamentos atemporais do Shivaísmo da Cachemira e do Vedanta, bem como da experiência dos mestres iluminados Siddha.

Swami Lakshman Jou

Deve ser destacado também a figura de Swami Lakshman Jou, um erudito tântrico da região da Cachemira, norte da Índia. Ele nasceu em 6 de maio de 1907 e faleceu em 27 de setembro de 1994. Ele foi um mestre da linha Kaula Tântra, da Cachemira. Vários dos seus discípulos o consideravam uma encarnação de Abhinava Gupta.

Swami Lakshman Jou Raina era um místico e erudito do Shaivismo da Caxemira ou Trika. Ele era conhecido como Lal Sahib ("Amigo de Deus") pelos seguidores. Lakshman Jou nasceu em Srinagar, Cachemira, sendo o quinto filho em uma família de quatro meninos e cinco meninas. Seu pai Naraindas Raina (também conhecido como Nav Narayan) foi o primeiro homem a ter introduzido casas flutuantes em Cachemira. O nome de sua mãe era Arnyamali.

Ele foi apresentado ao caminho da espiritualidade e aos princípios do Shaivismo da Cachemira pelo seu pai, da família Ram e, mais tarde, pelo seu discípulo Mehtab Kak. Aos 20 anos, diz-se, ele experimentou a auto realização. Pouco depois, ele saiu de casa em busca do Supremo e mudou-se para o famoso ashram de Sadhamalyun (Sadhuganga) em Handwara. Persuadido por seu pai para retornar a Srinagar, ele continuou a estudar filosofia sânscrita e Shaiva sob a orientação de um estudioso chamado Maheshwar Razdan.

Em 1934-1935, ele se mudou para um lugar isolado acima da aldeia de Gupta Ganga, perto do subúrbio de Nishat, Srinagar, onde seus pais construíram uma casa. Esse era o lugar onde Abhinava Gupta tinha vivido, nove séculos antes. Em 1962, ele desceu a colina até um lugar mais próximo do famoso Lago Dal, a poucas centenas de metros do Nishat Gardens.

Por cerca de 30 anos, ele viajou pela Índia, passando um tempo em uma praia de Bombaim e pouco tempo com Mahatma Gandhi, em Sevagram, e depois com Aurobindo, em Pondicherry. De lá, encontrou o caminho para Tiruvannamalai para conhecer Ramana Maharshi.

Ele voltou para Cachemira, onde viveu e ensinou até o ano de sua morte, 1991, dando palestras semanais sobre os textos místicos e filosóficos do Shaivismo da Cachemira. Muitas dessas palestras foram gravadas por John Hughes e posteriormente publicadas. A interpretação de Lakshman Jou do Shavismo da Cachemira atraiu a atenção de vários indólogos ocidentais, e dentre os seus visitantes incluíam-se vários estudiosos do sânscrito, como Lilian Silburn, André Padoux, Jaideva Singh, Acharya Rameshwar Jha, Jankinath Kaul "Kamal", Gherardo Gnoli, Alexis Sanderson e Mark Dyczkowski. Seus ensinamentos também influenciaram Paul Reps, cuja representação do Vijnana Bhairava Tantra, mais tarde usado por Osho, trouxe os métodos de meditação de sua escola para proeminência internacional.

Em 1991, ele viajou para os Estados Unidos e estabeleceu o "Universal Shaiva Fellowship", no qual designou John Hughes e sua esposa, Denise, para continuar publicando seus ensinamentos sobre o Shaivismo da Caxemira. Na Índia, os ensinamentos de Lakshman Jou são divulgados por uma organização local, a "Ishwar Ashram Trust", fundada por ele.

Carlos Alberto Tinoco

Swami Lakshman Jou[48]

---

[48] http://www.ishwarashramtrust.com/photo.php?page=2

Swami Vishnu Devananda

Swami Vishnu-Devananda nasceu em Kerala, em 31 de dezembro de 1927 e faleceu em 1993. Foi um líder espiritual hindu.

Após uma curta carreira no Exército Indiano, conheceu os ensinamentos de Swami Shivananda por meio de um folheto sobre Sadhana Tattwa (Instruções Espirituais). Isso o impressionou tanto, que foi à cidade de Rishikesh, em busca de seu Mestre. Ali, teve uma experiência que mudaria sua vida para sempre, a qual ocorreu nas escadarias do Ashram, à margem do Rio Ganges.

Swami Shivananda subia as escadas do Ashram e, como de costume, as pessoas se prostravam diante dele. O jovem militar, que mais tarde se chamaria Swami Vishnu Devananda, vinha em sentido contrário mas não queria inclinar-se diante de ninguém e, para evitar tal situação, saiu por uma porta, pensando não ter sido visto.

Minutos mais tarde, Swami Shivananda apareceu inesperadamente e se inclinou ante o arrogante homem. Essa foi a primeira lição de humildade que Swami Vishnu Devananda recebeu de seu guru, Swami Shivananda.

Swami Vishnu Devananda saiu do Exército e ingressou no Ashram em 1947, com a idade de 20 anos. Tornou-se Samnyasin e foi nomeado professor de Hatha Yoga da "Shivananda Yoga Vedanta Forest Academy". Ali, preparou muitos estudantes, indianos e estrangeiros, enquanto prosseguia com seu aprendizado, tendo chegado a dominar as técnicas mais avançadas de Hatha Yoga. Em 1957, após 10 anos de vida no Ashram, Swami Vishnu Devananda foi enviado por seu Mestre ao Ocidente, a fim de divulgar os antigos ensinamentos da Yoga. Swami Vishnu Devananda viajou pelos Estados Unidos, onde ensinou Yoga, observando o estilo de vida ocidental.

Estabeleceu o primeiro "Sivananda Yoga Vedanta Center em Montreal", no Canadá. O primeiro Yoga Camp aconteceu no verão de 1961, com poucos estudantes. Foi muito curioso para Swami ver os ocidentais, tão acostumados com suas vidas confortáveis, dormindo no chão e banhando-se em água fria. Em fevereiro de 1962 inaugurou o "Sivananda Ashram Yoga Camp", em Valmorin, no Canadá, em meio a 300 acres de bosques, nas Montanhas Laurentian. A região tem centenas de lagos de águas claras, ar fresco e muita tranquilidade.

Atualmente o Ashram conta com vários templos, uma sala de Yoga, alojamento para convidados, cozinha, refeitório, edifício de escritórios, galeria de arte, piscina, sauna e pista de esqui. Os visitantes e residentes podem viver em um ambiente saudável e pacífico, em uma atmosfera espiritual que convida à disciplina Yóguica e ao serviço ao próximo.

Todos os anos, no verão, são realizados os TTCs – "Teacher's Training Courses", cursos de formação de professores de Yoga com duração de um mês. Embora sejam ensinadas ásanas, pranayamas, filosofia Vedanta e assuntos afins, a finalidade dos cursos não é formar professores de Yoga, mas sim, líderes para a sociedade, com forte senso de moralidade.

Em 1967, Swami Vishnu Devananda estabeleceu o "Sivananda Ashram Yoga Retreat" em Nassau, Bahamas. O mar e os céus tropicais fazem esse lugar ideal para a expansão da mente, por meio da prática da Yoga. Swami Vishnu Devananda faleceu em 1993, tendo deixado um vasto legado espiritual, que até hoje vem influenciando milhares de pessoas.

Swami Rama

Swami Rama nasceu na Índia em 1925, em uma família de brâhmanes eruditos. Em uma idade precoce, ele se fez ordenar monge por um grande sábio do Himalaia.

Quando adulto, empreendeu viagens de aprendizado, saindo do seu monastério, indo até uma caverna, estudando e vivendo com vários sábios, na solidão das montanhas dos Himalaias e nas placícies de Índia.

Entre 1939 e 1944, ensinou sobre as Upanidhads e sobre as escrituras sagradas budistas, em várias escolas e mosteiros hindus.

Entre 1946 e 1947, estudou sobre o misticismo tibetano. Os difíceis anos de estudos das escrituras, as horas intermináveis de aperfeiçoamento nas práticas de meditação e a investigação solitária dos estudos superiores da consciência culminaram com a aquisição do mais elevado título espiritual da Índia. Em 1949, ele se tornou "Shankaracharya de Karvipithan", título este conferido a poucos.

No início de 1952, renunciou à dignidade e ao prestígio de título, retornando em seguida aos Himalaias, para aprender os últimos ensinamentos do seu mestre e procurar inspiração para dirigir-se ao Ocidente. Durante três anos, estudou Psicologia, Filosofia e Medicina Ocidental na Europa.

Em 1970, tornou-se consultor da Fundação Menninger, em Topeka, no Kansas, onde desenvolveu um grande projeto chamado Controle Voluntário dos Estados Internos. Foi o fundador, presidente e líder espiritual do Himalaian Institute of Yoga Science and Philosophy.[49]

Swami Brahmanada

Swami Brahmananda[50]

---

[49] *Vivendo com os mestres do Himalaia-Ensinamentos do Swami Rama*, quarta capa, Editora Pensamento, 1983.
[50] https://chennaimath.org/swami-brahmananda/

Swami Brahmananda (Bengali: Shami Bromanando), nasceu em 21 de janeiro de 1863, em Sikra Kulingram, perto de Basirhat, Calcutá, e faleceu em 10 de abril de 1922. Ele foi um monge indiano. Seu nome pré monástico é Rakhal Chandra Ghosh (Bengali: Rakhal Chôndro Ghosh). Sri Ramakrishna reconheceu ele como seu "filho espiritual". Ele se tornou o primeiro presidente da Missão Ramakrishna e, conhecido como "Raja Maharaj", foi largamente responsável pela desenvolvimento inicial da Missão Ramakrishna, que estava abatida devido à morte de Swami Vivekananda.

Rakhal Cahndra Ghosh (Swami Brahmananda) teve por pai, Ananda Mohan Gosh, um senhor de terras. Sua mãe, Kailas Kamini, foi uma pessoa piedosa e devota de Krishna, que lhe deu o nome de Rakhal, "o menino companheiro de Sri Krishna". A mãe morreu quando o menino tinha apenas 5 anos de idade. Logo depois, seu pai casou-se com uma segunda mulher, a qual criou Rakhal. A educação dele começou na escola do vilarejo, que foi iniciada por Ananda Mohan. Como estudante, Rakhal era notável por sua inteligência. No entanto, enquanto garoto, ele tinha vários interesses na vida. Fisicamente, ele era muito mais forte do que a maioria dos garotos de sua idade. Nos arredores, havia um templo dedicado à deusa Kali. Com certa frequência Rackal era visto de pé em grande devoção, ante a imagem da deidade.

Depois de Rakhal ter terminado a educação primária, ele foi mandado para Calcutá, em 1875, e aceito em uma escola no estilo Inglês, onde fez o ensino médio. Em Calcutá, veio a ter contato com Narendra Nath, que viria a ser conhecido como Swami Vivekananda, líder dos garotos na localidade. Narendra, com seu espírito dinâmico e liderança inata, lançava sua influência sobre outros e carregava-os ao longo do caminho que considerava correto. Rakhal, que era dócil, quieto e de uma natureza suave, caiu facilmente sob o seu encanto e dali cresceu uma forte amizade entre os dois, que culminou em um discipulado com Sri Ramakrishna, trazendo resultados abrangentes.

A indiferença de Rakhal para com os estudos e coisas mundanas, fez com que seu pai o casasse. No entanto, como uma ironia do destino, foi seu próprio casamento que trouxe Rakhal para ter contato com Sri Ramakrishna que, uma vez, reconheceu nele seu "filho espiritual" devido a uma visão concedida ao mestre pela Divina Mãe. A partir de então, iniciou-se o caminho de intimidade espiritual e intenso treino sob o amoroso cuidado do guru, resultando em diversos trâses místicos e experiências espirituais.

Depois da morte de Ramakrishna, Rakhal, junto a Narendra e outros irmãos discípulos, abraçou a vida monástica sob o nome de Swami Brahmananda. Ele passou diversos anos como um monge errante, visitando locais de peregrinação e praticando severas austeridades. Um pouco antes do retorno de Swami Vivekananda do Ocidente, ele voltou para Baranagore, onde havia uma casa para os discípulos monásticos de Sri Ramakrishna, e passou a viver lá.

Depois do retorno de Swami Vivekananda do Ocidente, quando Ramakrishna Mission foi formada como uma Associação, em primeiro de maio de 1897, em Baghbazar, Calcutá, Swami Viekananda foi eleito como presidente geral, e Swami Brahmananda tornou-se o primeiro presidente de Calcutá, além de, depois do estabelecimento do monastério de Belur Math, tornar-se o seu presidente. Ele manteve esse posto até o fim de sua vida. Swamiji (Vivekananda) deixou a responsabilidade de conduzir a organização para Swami Brahmananda, lembrando que Sri Ramakrishna havia, certa vez, comentado que Rakhal tinha a capacidade de governar um reino. O misterioso senso que Swami Brahmananda tinha para resolver difíceis problemas, permitiu que a organização atingisse novos níveis de glória e desenvolvimento.

O longo período em que Swami Brahmananda esteve à frente da ordem (1901-1922) foi marcado por trabalho e adoração, marcadamente combinados. Durante esse período, a Ordem Ramakrishna passou por uma grande expansão e diversos novos centros foram abertos na Índia e em outros países. A Missão Ramakrishna, que havia sido fundada por Swami Vivekananda como uma associação, foi revivida e registrada durante esse período. A sua ênfase na vida contemplativa serviu para contrabalancear as atividades empreendidas pelos monges. Ao longo desses difíceis anos de formação, ele deu grande estabilidade para essa Sangha (comunidade de monges). Enquanto esteve à frente, ele também guiou muitos sinceros buscadores espirituais, tomando-os sob sua proteção. Desse modo, cumpriu o dito profético de Swami Vivekananda de que Brahmananda era verdadeiramente um dínamo espiritual.

Raja Maharaj faleceu 1922. Sua vida e ensinamentos foram copilados em livros de diferentes autores. Dentre os quais está o clássico *O Eterno Companheiro*, publicado pela Editora Vedanta, em 2011. Sobre Swami Bramananda, esse é o único livro disponível em Língua Portuguesa.

Swami Brahmanada ao centro, rodeado por outros discípulos de Ramakrisha[51]

Swami Premanada

Swami Premanada[52]

---

[51] https://upload.wikimedia.org/wikipedia/commons/thumb/b/b9/Alambazar_Math_1896

[52] https://vedantastl.org/swami-premananda/

Baburam Maharaj ou Swami Premananda nasceu em 10 dezembro de 1861, em Antpur, o sagrado distrito de Bengala, e faleceu em 30 julho de 1918. Foi discípulo direto de Ramakrishna, mestre espiritual do século XIX, santo e místico de Bengala, na Índia. Ele era chamado, nos seus dias pré monásticos, por Baburam, conforme relatou a Balaram Bose, um líder, chefe de família e discípulo de Ramakrishna. Foi-lhe dado o nome de Premanada, que significa "Jóia do Amor Divino", pelo seu amigo Vivekananda. Ele deu notável contribuição durante seus dias iniciais na Ramakrhisna Mission, chamada posteriormente de Belur Math, entre 1902 e 1916. Swami Premanada, ou Baburam Mahajaj, trabalhou com jovens aspirantes à vida espiritual.

Baburam acompanhou Rakhal ao templo de Dakshineswar, para encontrar Ramakrishna. Ele também encontrou Vivekanada. Após poucas visitas ao templo, Baburam passou a ser influenciado pelas ideias de Ramakrhsna, que o ajudava a alcançar melhores resultados na sua caminhada espiritual. Nessa época, Baburam tinha 20 anos de idade. Essa associação com Ramakrishna o fez negligenciar os seus estudos e ele não conseguiu realizar seu exame de admissão. Em 1885, Ramakrishna foi diagnosticado com um câncer de garganta, sendo transferido para Calcutá, para um melhor tratamento, indo primeiro para Shyampukur e depois, para a casa do Cossipore Garden. Baburam era um dos constantes assistentes do mestre, juntamente aos seus outros discípulos, incluindo Rakhal e Narendra, e isso continuou até o falecimento de seu mestre, em agosto de 1886.

Em dezembro de 1886, os discípulos visitaram a casa ancestral de Baburam em Antpur. Imediatamente depois de voltar de lá, eles fizeram o voto de renúncia de Narendranath. Vivekananda, como ele veio a ser conhecido mais tarde, deu o nome de "Premananda" para Baburam. Após a partida de Ramakrishnananda para Madras, Premananda assumiu a responsabilidade do culto diário do Mestre. Ele foi a uma peregrinação no norte da Índia e retornou na véspera do estabelecimento do Ramakrishna Math em Belur, conhecido como Belur Math, sede da Missão Ramakrishna.

Após o falecimento de Vivekananda em 1902, Swami Brahmananda, então presidente da Missão Ramakrishna, passou a administrar os assuntos do dia-a-dia, que incluia o culto diário, a introdução e iniciação de jovens e monges, recebendo dos devotos e convidados, várias atividades administrativas etc. Ele foi muito gentil e compassivo para com todos. Ele próprio deveria cozinhar para os devotos, e tomou todos os problemas sob sua responsabilidade. Por isso, ele passou a ser conhecido como a "Mãe do Math". Ele costumava considerar o serviço dos devotos como adoração a Deus.

Premananda também introduziu um círculo de estudo para aprender sânscrito em Belur Math, sob a tutela de um professor competente. Ele também incentivou o estudo de outros assuntos, como a filosofia ocidental, além de colocar grande ênfase na educação das mulheres. Ele viveu uma vida modesta, livre de luxos e excessos. Seus pertences pessoais incluíam apenas alguns livros e um saco de lona.

Depois de aproximadamente 6 anos de serviço no Belur Math, Premanada partiu para uma peregrinação em Amarnath, no ano de 1910, na companhia de Shivananda (Mahapurush Maharaj) e Turiyananda (Hari Maharaj). Em seu retorno, ele viajou para diferentes partes de Bengala, difundindo a mensagem de Ramakrishna. Muito popular em Bengala Oriental, inspirou os jovens para o trabalho de caridade e comunidade.

Premananda teve acesso à Santa Mãe da Ordem Ramakrishna, Sarada Devi. Ela gostava muito dele, e ele era muito devotado à ela. Ele disse uma vez que aqueles que diferenciaram ela e o Mestre nunca fariam nenhum progresso espiritual. Ela e Ramakrishna, eram como os dois lados da mesma moeda.

Durante a sua última permanência em várias partes da Bengala, especialmente em Bengala Oriental, Premanada inspirou os jovens a serem úteis à sociedade, mediante o serviço voluntário. Embora fosse um homem de altas conquistas espirituais, ele costumava escondê-las, sendo reticente ao expressá-las. Ele foi universalmente admirado por jovens e antigos devotos por seu amor, bondade e ternura para com todos. As longas e árduas viagens tiveram um impacto na sua saúde e ele foi vítima de Kala Azar, uma febre mortal. Por meio de uma gripe, esse mestre morreu em 30 de julho de 1918.

Swami Abhedanada

Swami Abhedananda[53]

---
[53] https://vedantastl.org/swami-abhedananda/

Swami Abhedananda nasceu em 2 de outubro de 1866 e faleceu em 8 de setembro de 1939. Foi um dos discípulos diretos de Sri Ramakrishna. Swami Vivekanada o enviou ao Ocidente, com o propósito não só de dirigir a "Sociedade Vedanta", em Nova Iorque, em 1897, mas também de divulgar a mensagem do Vedanta, tema que ele usou para escrever vários livros. Foi um dos fundadores do Belur Math, em Calcutá. Seu verdadeiro nome era Kaliprasad Chandra.

Após a morte de Ramakrishna, o Belur Math, ou Vedanta Math, foi formado por Narendranath (Vivekanada) e outros irmãos discípulos. Swami Abhedananda tomou seu voto monástico em 1890, em Baranagar Math, na presença de Swami Vivekananda. Depois de seu retorno, ele manteve correspondência com Vivekananda, que o induziu a se juntar a ele para viajar a alguns lugares dos Himalaias em virtude da sua experiência e familiaridade nesses lugares. Ele veio ao mosteiro de Baranagore, e, depois de passar alguns meses felizes com seus discípulos, compartilhando suas experiências com eles, partiu, em julho de 1890 com Vivekananda, em uma peregrinação aos Himalaias.

Visitou lugares importantes no caminho, chegando a Almora. Mas a doença prejudicou a sua jornada e eles retornaram via Tehri para Dehra Dun, onde Abhedananda dirigiu-se a Meerut, para tratamento. Vivekananda também se juntou a ele em Meerut, onde conheceram outros discípulos. Depois de cinco meses, Vivekananda os deixou e Abhedananda seguiu-o de modo cauteloso, indo de uma província para outra à sua procura. Finalmente o encontrou em Kutch, onde Vivekananda pediu-lhe para seguir um curso diferente. Assim, Abhedananda continuou sua peregrinação separadamente.

Durante seus dias de viagem pelos Himalaias, ele estudou o Avadhuta Gita em Srinagar. Em 1891, enquanto descansava em Etawah, passou a maior parte do tempo lendo o Mahabhashya, o volumoso comentário de Patanjali sobre a gramática sânscrita de Panini, bem como o comentário de Sridhara Swami sobre a Bhagavad Gitâ. Em Udaipur, ele leu o texto Vedântico de Panchadasi. Ele também aprendeu gramática hindi de Bhasha Bhaskara para corrigir a pronúncia. Em Indore, ele completou uma leitura de todo o Ramayana, durante 18 dias. Mais tarde, em Mahula, empreendeu um estudo crítico do Yogavasishtha. O Yoga Vasistha é um texto filosófico atribuído a Valmiki, embora o autor real seja desconhecido. O texto completo contém mais de 29.000 versos. Após a morte de Ramakrhisna, ele se tornou um samnyasi, juntamente a Vivekanada e outros, momento quando passou a ser conhecido por Swami Abhedananda.

Abhedananda foi o primeiro monge da ordem Ramakrishna, que deu forma ao desejo de Vivekananda, para iniciar o trabalho de desenvolvimento rural. Ele optou por ser pobre. Ele foi um dos pilares das atividades de serviço do Movimento Ramakrishna. Sua experiência como um monge errante, como Vivekananda, o levou a tomar medidas, para curar a angústia e a miséria das massas. A carta encorajadora de Vivekananda da América, que foi enviada como uma resposta ao pedido de orientação de Abhedananda o levou, em 1894, a iniciar sua campanha contra a pobreza. A ideia de trabalhar para os pobres foi concebida enquanto ele permaneceu em Jamnagar com Jhandu Bhatt, o famoso médico ayurvédico, que serviu seus pacientes com uma devoção excepcional. Enquanto estava em Khetri, Rajasthan, durante 1894, ele viajou muito, de porta em porta, sozinho, para conscientizar as pessoas sobre a utilidade da educação.

Abhedananda construiu um orfanato em Mahula, perto de Berhampore, em 31 de agosto de 1897, onde então, estabeleceu o primeiro Centro de Filial Rural da Missão Ramakrishna em Mahula. Em 1899, ele abriu um ashrama em Shinagar, perto de Sargachi, que continuou por 14 anos. Em 1899, abriu uma escola gratuita para lidar com o problema do analfabetismo na localidade. Uma carpintaria e uma seção de tecelagem, também foram criadas para reviver essas indústrias e tornar os alunos, auto-suficientes. O cultivo de algodão foi ensinado às mulheres rurais para aumentar a renda familiar. Em março de 1913, o ashrama foi levado para uma terra de 13 acres. Ele também realizou atividades de socorro no bairro Bhagalpur de Bihar, durante o terremoto de Munger, em Bihar. Faleceu em 8 de setembro de 1939.

Em português, existe um livro intitulado *Como Tornar-se um Yogue*, publicado pela Editora Pensamento, em 1985, cujo autor é o Swami Abhedananda.

Mahashi Manesh Yogue

Maharishi Mahesh Yogi foi um guru indiano, fundador da Meditação Transcendental (MT).

Sempre absolutamente sigiloso a respeito da sua vida pessoal, Manesh, conforme algumas fontes referem, nasceu como Mahesh Prasad Varma, em Madhya Pradesh, na Índia, em 12 de janeiro de 1917, no seio de uma família hindu de classe média, da casta kshatrya. Contudo o seu passaporte indica a data de 12 de janeiro de 1918 como a de seu nascimento. Em 1940, licenciou-se em Física pela Universidade de Allahabad.

Em 1941, tornou-se discípulo de Swami Brahmananda Saraswati. Pouco tempo depois, tornou-se brahmacharya, o primeiro nível da vida monástica em que o noviço faz voto de castidade, pobreza e de obediência ao guru, tendo recebido o nome de Bal Brahmacharya Mahesh.

Depois da morte do seu mestre em 1953, Mahesh retirou-se para Uttar Kashi, um vale nas encostas dos Himalaias, retiro de muitos Yogues e eremitas, onde o seu mestre vivera durante muitos anos. Em 1957, em Madrasta fundou o Movimento de Regeneração Espiritual, com o intuito de divulgar mundialmente a sua Meditação Profunda e de trazer a auto realização e a paz ao mundo, e em 1958 iniciou a primeira das suas viagens internacionais, visitando vários países asiáticos.

Em 29 de janeiro de 1959, Maharishi Mahesh Yogi chegou a San Francisco e divulgou a Meditação Transcendental (MT), junto a alguns membros da alta sociedade norte-americana. A MT revelou-se um imenso sucesso e depressa se tornaria uma moda nos meios burgueses. No seu trabalho de divulgação, Maharishi teve a preciosa ajuda do casal Olson e do engenheiro Charlie F. Lutes, um dos seus mais brilhantes e sinceros discípulos.

No início dos anos 1960, o Maharishi viajou até a Inglaterra, tendo sido muito bem acolhido pelos seguidores de P. D. Ouspensky, então sob a direcção do Dr. Francis Roles da Study Society, e que procuravam um método eficiente para "despertar". Mahashi, depois, rompeu sua ligação com o Dr. Francis Roles

Em 1967, a Meditação Transcendental atraiu a atenção de George Harrison, que, entusiasmado pela leitura de *Autobiografia de um Yogue Contemporâneo,* do Paramahansa Yogananda, contagiou os outros Beatles, com os seus anseios místicos.

Maharishi, algo agastado com a ruptura com os ouspenkistas e a cisão ocorrida no movimento inglês, não desperdiçou esta oportunidade única, de se associar às pessoas mais famosas e populares do seu tempo e de divulgar a MT, junto aos jovens. Foi o que aconteceu: em breve, milhares de jovens hippies e estudantes acorriam às palestras que o sorridente e pequeno (com 1,65 m de altura) guru dava nas universidades e nos centros de MT, nos Estados Unidos da América e na Grã-Bretanha, para aprenderem a meditar à semelhança dos seus ídolos, os Beatles.

Em 1968, os Beatles viajaram com Maharishi até a sua Academia de Meditação em Rishikesh, nos Himalaias, na companhia de outras celebridades como Mia Farrow, Donovan e Mike Love, dos Beach Boys. Os Beatles relaxaram, meditaram, mas também, ao que parece, consumiram drogas leves, sem o conhecimento de Maharishi. Segundo diz a história, foi um dos períodos mais produtivos de John Lennon, que escrevia várias canções por dia, que mais tarde fariam parte do White Album.

Contudo, houve um desentendimento entre os Beatles e Maharishi, por conta de chegar ao conhecimento de Maharishi, que os Beatles estariam usando drogas dentro de sua Academia de Meditação em Rishikesh, o que o deixou muito incomodado e resultou na saída dos Beatles da Academia de Meditação. Os Beatles não gostaram de ser repreendidos por Maharishi, por estarem não só usando drogas em um lugar em que era suposto que seguissem uma rotina dedicada inteiramente à espiritualidade, mas também por rumores de que Maharishi havia dado uma "cantada" em Mia Farrow e que ele mantinha relações sexuais com suas discípulas. A meditação pregava que eles eram "homens acima do sexo" e isso pode ser visto na música *Sexy Sadie,* dos Beatles.

Nos anos 1970 a Meditação Transcendental tinha sido ensinada a vários milhões de pessoas em todo o mundo, e era praticada por muitas delas, sobretudo universitários e jovens empresários. A MT era uma técnica mental simples, ensinada de forma homogênea e padronizada, e, portanto, prestava-se facilmente a ser objeto de um estudo científico sério. Os estudos levada a cabo por vários estudiosos mostraram que a MT baixava a tensão arterial, o ritmo cardíaco, o índice de lactato, aumentava a coerência e a integração do funcionamento cerebral. Também havia regulação do cortisol e outras hormônios, associadas ao stress crónico, e uma regularização saudável dos níveis de serotonina, um neurotransmissor associado ao humor.

Foi nessa década que Maharishi expandiu o seu movimento a nível corporativo, criando vários estabelecimentos de ensino superior, nos Estados Unidos, na Suíça, nos Países Baixos e na Índia.

Havia alguns anos que Maharishi estabelecera a sua residência em Vlodrop, na Holanda. Apesar de envelhecido, mantinha-se sempre enérgico na divulgação e na defesa da sua Meditação Transcendental, como meio fácil e eficaz de desenvolver o potencial humano e alcançar a felicidade e a paz na Terra. Contudo nas suas mais recentes declarações, sobretudo depois dos ataques de 11 de setembro de 2001, mostrava-se bastante desiludido e amargurado com a espécie humana e com a estupidez dos seus governantes, que não aproveitavam o instrumento de pacificação que é a Meditação Transcendental.

Em 11 de janeiro de 2008, Maharishi anunciou aos seus seguidores que o seu trabalho no mundo estava terminado e que se retirava para o silêncio e para o estudo dos Vedas. Desde então, nunca mais se pronunciou publicamente. Faleceu em 2009.

Indivíduos com baixas expectativas sobre sua prática de MT, obtiveram os mesmos efeitos que os indivíduos com grandes expectativas. Os resultados também tendem a aumentar ao longo do tempo, enquanto os efeitos da expectativa geralmente apresentam uma diminuição acentuada.

A transcendência é descrita nos textos antigos como a mais elevada experiência humana, essencial para o nosso pleno desenvolvimento. Mas durante séculos, a humanidade não tomou conhecimento dessa experiência, porque o caminho para se chegar até ela – a meditação, dentre outros – foi muito mal interpretado. Caso seja verdade que a Meditação Transcendental é mesmo a redescoberta do método eficaz para transcender e desenvolver o nosso pleno potencial, provavelmente ela traz resultados extraordinários, ou até resultados nunca vistos antes. Existem dezenas de universidades, hospitais e empresas localizadas em diversos países, nas quais se realizam pesquisas científicas sobre meditação. Enumerá-las é uma tarefa que está fora do escopo deste livro.

A receita para lidar com dezenas de problemas de saúde é fechar os olhos, parar de pensar em si e se concentrar exclusivamente no presente. A ciência está descobrindo que os benefícios da meditação são muitos, e vão além do simples relaxamento. As grandes religiões orientais já sabem disso há muito tempo. Mas só recentemente a medicina ocidental começou a se dedicar e entender o impacto que meditar provoca em todo o organismo. E os resultados são impressionantes.[54]

Shrii Shrii Anandamurti

Shri Prabhat Ranjan Sarkar nasceu em 1921 e faleceu em 1990, em Calcutá. Foi um filósofo, reformador social, humanista e mestre espiritual. Por meio das suas ações, Sarkar inspirou milhares de pessoas a desenvolverem ao máximo, todos os seus potenciais e a assumirem responsabilidade pelo bem estar da humanidade e de toda a criação.

---

[54] A maioria desses dados foi extraída do livro: MANSON, Paul. **O Mahashi**. Rio de Janeiro: Nova Era, 1997.

Desde a sua tenra infância em Bihar, na Índia, onde nasceu em 1921, Prabhat Ranjan Sarkar atraiu pessoas por meio do seu profundo amor pela humanidade, guiando-as ao longo do caminho da auto realização. Ajustando a antiga ciência do Tantra Yoga, no sentido de atender às necessidade da época actual, Sarkar desenvolveu uma filosofia espiritual racional e científica, juntamente a um sistema de disciplinas práticas, visando o desenvolvimento humano, físico, mental e espiritual. Sendo reconhecido como um Mestre espiritualmente realizado, foi chamado *"Shri Shri Ánandamúrti"* que significa "Aquele que atrai outros como a personificação da Bem-Aventurança", ou simplesmente por *"Baba"* ("amado").

As pessoas que seguiram os seus ensinamentos, viram as suas vidas transformadas, na medida em que superaram as fraquezas e as tendências negativas da mente, experienciando uma profunda paz e bem-aventurança internas. Inspiradas pelo seu exemplo altruísta, direcionaram as suas energias para servir a sociedade e ajudar os oprimidos.

Em 1955, enquanto ainda levava uma vida familiar normal, e profissionalmente trabalhava como supervisor da Rede Ferroviária da Índia, P.R. Sarkar formou a organização **Ánanda Márga** (*"O Caminho da Bem-Aventurança"*), começando a treinar mong(a)es missionário(a)s para propagar os seus ensinamentos de "auto-realização e serviço à humanidade" por toda a Índia e mais tarde, por todo o mundo. Refletindo a amplitude da sua visão universal, a sua missão tornou-se uma organização multi-facetada com diferentes ramos dedicados à elevação da humanidade por meio da educação, auxílio a calamidades, bem estar social, artes, ecologia, renascimento intelectual, Yoga, emancipação feminina e economia humanista.

Visando o bem estar colectivo da sociedade como um todo, propôs a Teoria de Utilização Progressiva – PROUT, que defende a máxima utilização e a distribuição racional de todos os recursos e potencialidades do mundo – sejam físicos, mentais e espirituais – assim como a criação de uma nova e humanista ordem social, de harmonia e justiça para todos.

O seu inflexível posicionamento moral contra a corrupção e exploração, assim como a sua exigência por justiça social, atraiu a oposição de certos interesses, resultando na sua perseguição e aprisionamento, em 1971, com falsas acusações. Durante o seu encarceramento, de 7 anos, sobreviveu a um atentado por envenenamento perpretrado pelas autoridades penitenciárias e jejuou por cinco anos e meio, em protesto. Por fim, absolvido de todas as acusações pelo Tribunal Supremo, foi libertado em 1978.

Até a sua morte, em 1990, guiou a rápida expansão da sua missão por todo o mundo.

Conheci Baba em sua casa em Calcutá. Vi-o passar próximo a mim, acompanhado por alguns discípulos. Assisti a uma palestra sua em Calcutá, no andar superior de um sobrado. A palestra foi pronunciada no idioma bengali e assim, eu nada compreendi. Lembro que Baba sentou-se em um sofá forrado com um tecido de cor verde, sobre o qual ele se postou. Nada senti ao vê-lo. No entanto, vi dezenas de pessoas que o ouviam, chorar intensamente de alegria por estar na sua presença.

Shri Aurobindo Ghose

Aurobindo Akroyd Ghosh[55]

---
[55] https://br.pinterest.com/pin/337207090830007267/?lp=true

Aurobindo Akroyd Ghosh ou Ghose (em bengali: *Ôrobindo Ghosh*), nasceu em Calcutá, em 15 de gosto de 1872 e faleceu em Pondicherry, em 5 de dezembro de 1950. Mais tarde, ficou conhecido como Sri Aurobindo. Ele foi um nacionalista, lutador pela liberdade, filósofo, escritor, poeta, Yogue, e guru indiano. Uniu-se ao movimento pela independência da Índia do controle colonial da Índia Britânica e, por alguns anos, foi um de seus principais líderes, antes de desenvolver sua própria visão do progresso humano e evolução espiritual.

Sri Aurobindo foi aos 5 anos para a Inglaterra, onde aprendeu diversos idiomas, destacando-se na literatura. Aos 20 anos, retornou à Índia em uma busca da "sabedoria e verdade do Oriente". Por 13 anos, trabalhou em atividades administrativas e educacionais para o Estado. Em 1906, foi para Bengala assumir abertamente o comando do movimento revolucionário para a independência da Índia, que durante anos havia organizado em segredo.

Acabou preso pelo governo britânico entre 1908 e 1909. Foi durante esse período que Aurobindo passou por uma série de experiências espirituais, que determinaram o seu trabalho futuro. Solto e certo do sucesso do movimento libertador da Índia, respondeu a um chamado interior, retirou-se do campo político e foi para o sul da Índia, para devotar-se totalmente à sua missão espiritual. Morreu em 1950, aos 78 anos, no Ashram Sri Aurobindo, em Pondicherry, deixando o trabalho espiritual conhecido como Yoga Integral ou "Yoga de Sri Aurobindo". A Mãe, Mira Alfassa (1878-1972), sua companheira espiritual, deu continuidade ao seu trabalho, conduzindo o Ashram idealizando Auroville, assim como levando adiante o Yoga Integral.

No estado de Tamil Nadu, sul da Índia, existe uma comunidade espiritual denominada Auroville, a "Cidade da Aurora", fundada em sua homenagem em 1968, tendo por base os princípios deixados do Yoga Integral de Sri Aurobindo.

Auroville[56]

Swami Pareshananda

E Swami Pareshananda é um monje da "Orden Ramakrishna", da India, o movimiento espiritual e cultural internacional fundado por Swami Vivekananda.

Jñani Yogue nasceu na Índia em 1944 e Ingressou na Ordem Ramakrishna em 1967. Chegou à Argentina em 1989. Desde então, desempenha atividades administrativas e espirituais na institução argentina Hogar Espiritual de Ramakrishna, alí participando como diretor espiritual.

Tem proferido conferências em diversas instituições da Argentina e de outros países. É autor de algumas publicaçoes da literatura RamakrishnaVedanta.

---

[56] https://bp-guide.in/AXkGxBqx

Pattabhi Jois

Pattabhi Jois nasceu em 1915 e faleceu em 2009, aos 94 anos de idade. Foi aluno de Krishnamacharya desde os 12 anos e refinou, durante anos, a prática dos *ásanas*. Eventualmente, conseguiu uma vaga para ensinar no Sanskrit College, em Varanasi *(Escola de Sânscrito)*. Continuou ensinando e estudando o estilo de Ashtanga Yoga e passou três décadas ensinando esse estilo. Estabeleceu o Instituto de **Ashtanga Yoga em Mysore**, Índia.

Sua vida foi comprometida em manter a integridade dos ensinamentos tradicionais antigos. Ensinou até 2009, mesmo ano em que morreu.

Swami Shivananda

Swami Shivananda Sarasvati foi um mestre espiritual da Índia, onde era muito conhecido por suas obras. Nasceu em 8 de setembro de 1887 em Pattamandai, falecendo na mesma cidade, em 14 de julho de 1963. Procedia de uma família ortodoxa de santos, sábios e filósofos, sendo chamado pelo nome de Kuppuswamy. Quando criança, era arrojado, corajoso, alegre e amável com a natureza. Era muito admirado pelas pessoas por causa de sua boa conduta e de seus bons hábitos. Seu pai, P. S. Vengu Iyer, foi um oficial do governo e um sacerdote do hinduísmo (brâmane).

Estudou na Tanjore Medical College (1905), onde se destacou como desportista pelo seu interesse por religiões, tanto hindu como cristã. Após a morte do seu pai, em 1913, ele se viu sem recursos para manter os estudos e uma vida digna para si e sua mãe. Mas teve uma ideia inovadora: começou a fazer um jornal de medicina chamado "Ambrósia", com os resultados das últimas pesquisas médicas e artigos de utilidade pública, no qual ele era editor, redator, autor de todos os artigos (assinados por pseudônimos que ele mesmo criava), e distribuidor. Essa iniciativa permitiu a ele terminar os estudos e ganhar reputação, pela grande aceitação que esse jornal tinha no meio médico.

Mas a renda do jornal era baixa, o que o levou a aceitar um cargo em uma farmácia em Madras. Logo após, surgiu uma oportunidade de trabalho na Malásia Britânica como diretor do hospital mantido pelas enormes plantações de borracha que empregava trabalhadores indianos. Ali, ele completou a sua educação medica, e por anos, ele foi encarregado do hospital.

Em seguida, um amigo lhe conseguiu uma posição em um grande hospital na periferia de Singapura, que gradualmente aumentou a sua fama e suas finanças. Ali, ele voltou a publicar artigos médicos e seu primeiro livro. Conhecido por acordar às 4 horas da manhã para praticar Hatha Yoga e meditação, trabalhava até a meia noite.

Certa vez, um sadhu em peregrinação por ali despertou seu interesse para a vida espiritual, e ele começou a estudar novamente as escrituras hindus e a Bíblia. Após 10 anos fora do seu país, ele resolveu voltar. Em 1923 retornou à Índia, desistiu das suas posses, e passou um ano em peregrinação pelos lugares sagrados antes de ir para Rishikesh, ao norte. Ali, ele foi iniciado pelo guru Swami Vishvara Saraswati como Swami Shivananda Saraswati. Ele viveu em uma choupana nas proximidades do Ashram, praticou a vida austera e meditação, e trabalhou como médico cuidando das doenças dos gurus e peregrinos.

Com cinco rúpias dadas por um visitante, o Swami publicou um livro intitulado *Brahma-Vidya* ("conhecimento de Deus"), com as suas respostas às perguntas feitas pelos peregrinos. Sua fama se espalhava. Ele viajou por toda a Índia ensinando sobre o hinduísmo. Em 1932, fundou o Shivananda Ashram. No princípio, aquilo era um velho celeiro para o gado, que ele chamou de Ananda Kutir ou "Morada da Felicidade". Discípulos se reuniram tanto, que outros celeiros de gado foram construídos e se tornaram habitáveis.

Em 1936 a "Divine Life Society" foi fundada por ele, e dois anos mais tarde saiu o jornal The Divine Life. Em 1943 o templo do ashram, The Lord Sri Viswanath Mandir, foi construído. Seus serviços médicos continuaram, culminando na Farmácia Ayurvedica de Shivananda, em 1945, que usa raras ervas dos Himalaias. Novas construções foram feitas no aniversário de 60 anos de Swami Shivananda e em 1948 a Acadêmia Florestal de Yoga-Vedanta foi fundada para treinar discípulos e viajantes. Mais seguidores vieram de toda a Índia e Ceilão, em 1950. No ano seguinte, a Academia fazia as suas próprias impressões. Em 1957, o Hospital para olhos Shivananda foi aberto.

Ajudava seus assistentes, treinando-os no ofício e os encaminhando com cartas de recomendação para algum hospital. Por vezes, pagando-lhes passagem e ainda dando algum dinheiro para emergências e imprevistos.

Tudo que Shivananda realizou significou muito trabalho, persistência inquebrantável, esforço vigoroso e fé indomável nos princípios da bondade, da virtude e sua aplicação na vida diária.

Shivananda sentia-se muito feliz quando seus pacientes curavam-se de suas doenças e livravam-se do sofrimento. Chegava a dançar de alegria quando percebia a paz e a felicidade estampadas nos rostos das pessoas. Fazia parte de sua natureza ajudar as pessoas e compartilhar com elas aquilo que tinha. Ele era honesto, sincero, simples e generoso, gostava de alegrar as pessoas com sua graça, bom humor e por meio de palavras de amor e encorajamento. Isso contribuía para a recuperação de seus pacientes e alívio de suas dores e sofrimentos.

Pessoas desempregadas eram muitas vezes amparadas por Shivananda, que as ajudava com comida, roupa e conseguindo-lhes emprego. Essa espécie de serviço desinteressado contribuiu para a purificação de sua mente e de seu coração, elevando-o em sua vida espiritual. Shivananda chegou a um grau de purificação que nada mais neste mundo podia tentá-lo. Dessa forma, ele havia se tornado puro como uma criança.

Refletia sobre a insegurança de viver neste mundo. Percebeu que todos estavam sujeitos a doenças, ansiedades, preocupações, medos, desapontamentos etc. Percebeu também que neste mundo nada permanecia intacto, tudo mudava constantemente e que todas as esperanças e felicidades terrenas terminariam em dor, desespero e tristeza.

Em 1923 renunciou à vida cômoda e viajou pela Índia em busca de um local ideal para práticas espirituais, orações, meditações e estudos, e também para encontrar uma maneira mais sublime de servir o mundo. Em 1924 chegou a Rishikesh, na Índia, e lá foi traçou seu destino. Shivananda decidiu-se pela auto realização como objetivo de sua vida e determinou que toda a sua força e energia seriam direcionadas para o estudo, a assistência dos necessitados e as práticas espirituais.

Shivananda não tinha ambição em ser mundialmente conhecido, nem perpetuar seu nome por meio de alguma instituição. Não lhe agradava ser chamado de "Sat-Guru", "Avatar", "Mahatma" ou "Guru-Maharaj", mesmo porque nunca teve a intenção de ser guru de alguém. Sabia que sustentar a ideia de guru seria um grande obstáculo para a vida espiritual e que isso havia causado a queda de grandes homens espirituais.

A fundação da Sociedade da Vida Divina originou-se quando encontrou pessoas dispostas a exercerem esse trabalho. Shivananda foi claro em dizer que as organizações espirituais com propósitos e objetivos elevados somente deveriam ser fundadas por mahatmas que fossem absolutamente livres, perfeitos e altruístas. Acrescentou que o resultado de organizações que foram fundadas por pessoas egoístas causaram grandes danos àqueles que se associaram a elas. E por esse motivo, com o decorrer do tempo, as pessoas perderam a fé no Supremo, na religião e acusaram todos os mahatmas de falsos Yogues. Shivananda ressaltou que todos os fundadores de uma organização espiritual deveriam possuir imensa capacidade para ajudar as pessoas e não se deixar contaminar por motivos mercenários.

Shivananda amava os estudantes, sempre enfatizava a importância das práticas espirituais silenciosas, do Japa e da meditação para o progresso sistemático no caminho espiritual. Pedia aos estudantes que purificassem seus corações por meio da assitência abnegada à humanidade. Colocava total atenção na evolução espiritual de seus estudantes. Entregou seu corpo e sua vida ao serviço do mundo, na intenção de torná-lo mais feliz e agradável.

O objetivo da Sociedade da Vida Divina era pregar a "Síntese do Yoga", instigar a devoção e a fé nas pessoas, trabalhar pela elevação espiritual do homem e levar a paz e a felicidade a todos.

O mestre orientava e enfatizava a necessidade de práticas como: Karma Yoga, para purificação da mente e do coração; Hatha Yoga, para conservação de ótima saúde, força, purificação do prâna e para acalmar a mente; Raja Yoga, para destruir as ilusões e proporcionar concentração na meditação; e Jñana Yoga, para remover o véu da ignorância.

Shivananda percebia a religião nas mulheres. Ele respeitava, adorava e se prostrava diante de todas as mulheres. Via nelas a manifestação da Mãe Divina, Durga, Shakti, Kali. Considerava as mulheres como espinha dorsal da sociedade e alicerce da religião, e acreditava que se elas fossem inspiradas, o mundo inteiro seria inspirado, porque considerava que elas possuíam qualidades divinas naturais e inatas e que a religião sustentava-se em sua piedade, por seu instinto religioso.

Após a morte de Swami Shivananda, em 1963, Swami Chidananda tornou-se presidente da Divine Life Society e promoveu sua rápida ampliação para o Ocidente. Estima-se que ele tenha escrito mais de 300 livros.

A correspondência de Swami Shivananda foi enorme e volumosa. Há um livro sobre tais cartas, intitulado *The Guilding Lights – Life – Transforming Letters* (1958)[57].

---

[57] SHIVANANDA, Sri Swami. **The Guilding Ligths – Life – Trasforming Letters**. The Yoga Forest University. Ananda Kutir. Published by Sri Swami Chidananda (First Edition). Printed by Sri Yagya Walk Datta. The Frontier Mail Press. Dehra Dun.

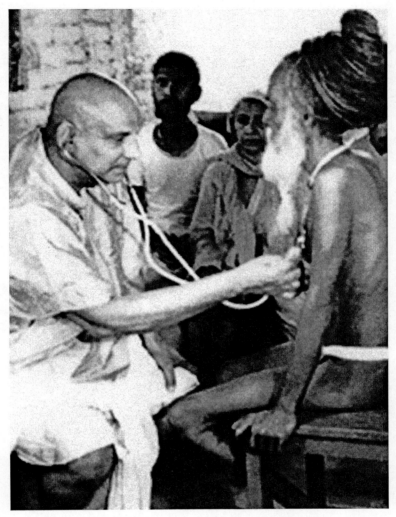

Swami Shivananda tratando de um paciente[58]

Bijoy Krishna Goswami

Bijoy Krishna Goswami, nasceu em 2 de agosto de 1841 e faleceu em 1899. Ele foi um proeminente reformista social hindu e figura religiosa na Índia, durante o período britânico.

---

[58] https://www.sivananda.eu/en/sivananda-yoga/the-yoga-masters/biography-of-swami

Teria sido a encarnação de Chaitanya Mahaprabhu, na Índia. Ele era um porta-voz da nova doutrina do vaishnavismo. Inspirado por Debendranath Tagore, ele se juntou ao moviento Brahmo Samaj. Durante sua vida, Bijoy Krishna Goswami visitou várias partes da Índia, para pregar o hinduismo. Mais tarde, seguiu diferentes caminhos religiosos para alcançar a Verdade Absoluta. E mesmo depois de alcançar esse meta, decidiu encontrar um guru. Ele foi iniciado por Brahmananda Paramhansa e alcançou o Supremo. Mais tarde, ele mesmo pregou sobre o caminho da Verdade Absoluta, para muitos.

Bijoy Krishna Goswami[59]

[59] http://www.sadgurus-saints-sages.com/Details_2.aspx?pageid=mEzZBKPOkXLjMUDj1TaO%2FQ%3D%3D

Swami Dayananda

Swami Dayananda Saraswati nasceu em uma vila no sul da Índia. Em 1953, morando e trabalhando em Chennai, veio a saber de uma série de palestras ministradas por Swami Chinmayananda, que se torna um de seus mestres, o que transformou sua vida. Dá início, então, ao aprofundamento do seu conhecimento de Vedanta e Sânscrito e, em 1962, torna-se um renunciante.

Começou a ensinar Vedanta e Sânscrito em Rishkesh, no norte da Índia, às margens do rio Ganges e em 1973, foi chamado por Swami Chinmayananda para ensinar durante dois anos e meio, a um grupo de 50 estudantes em Mumbai. Isso foi o início de vários cursos na Índia e nos Estados Unidos. Seus cursos, também ministrados em Inglês, abriram aos estudantes do Ocidente a oportunidade de acesso a esse ensinamento.

Swamiji, como é conhecido por seus discípulos, viaja por toda a Índia ministrando cursos e palestras e desde 1976, tem viajado para os Estados Unidos, Canadá, Inglaterra, Suécia, Austrália, África do Sul, Brasil e Argentina. Em todos esses países, assim como na Índia, é conhecido por sua facilidade de comunicação e pela clareza e profundidade de seu conhecimento de Vedanta.

A primeira visita de Swamiji ao Brasil, data de dezembro de 1978. Desde então, já realizou 13 visitas ao nosso país, tendo estado em São Paulo, Recife, Porto Alegre, Campinas e Rio de Janeiro. Seus cursos e palestras são traduzidos para o português por Gloria Arieira.

Em março de 1999, ministrou um curso de quatro dias em Itatiaia, sul do estado do Rio de Janeiro. Uma das sua mais recente visita ao Rio de Janeiro foi em 2004, onde, com clareza e eloquência, fez várias palestras e satsangas para mais de 400 pessoas.

Ele dirige dois ashrams na Índia, um em Rishikesh e outro em Coimbatore, e o Arsha Vidya Gurukulam, nos Estados Unidos. Nessas instituições, nas quais Swamiji é o principal instrutor, os cursos de Vedanta e Sânscrito têm duração de 30 meses em regime residencial em que seus ensinamentos são passados de mestre a discípulo. Recentemente Dayanada criou um programa para ajudar as pessoas que vivem em áreas distantes dos centros urbanos na Índia.

Esse programa oferece uma ajuda nas áreas de saúde, educação e autossuficiência. Para isso, ele conseguiu reunir vários representantes de diferentes sampradayas ou tradições de ensinamento da Índia, o Acharya Sabhá. Esse movimento chama-se All India Movement for Seva, o AIM for Seva, que abrange toda a Índia.

Em 23 de setembro de 2015, Dayananda faleceu em seu ashram de Rishikesh, na India, à beira do Ganges, num momento de muita paz e quietude. Todos os seus alunos e devotos sentem sua presença permear pelo universo. Ele foi um Jñana Yogue.

Srila Prabhupada (Abhay Charanaravinda)

Srila Prabhupada nasceu no ano de 1896, em Calcutá, hoje denominada Kalkota, situada no leste da Índia. Seus pais pertenciam à classe média alta, e ele estudou em escolas muito conceituadas. Prabhupada foi educado, tendo por base os princípios vêdicos e os do hinduísmo tradicional.

Quando jovem, trabalhou como químico, tornando-se proprietário de uma indústria de produtos farmacêuticos. Ao terminar sua juventude, casou-se e participou do movimento do Mahatma Gandhi, para libertar a Índia do domínio britânico.

Na década de 1920, ou mais exatamente em 1922, conheceu o líder religioso Bhaktisiddhanta Sarasvati, que foi o fundador de 64 Gaudyas Mathas (Institutos para o estudo da cultura vêdica). Prabhupada tornou-se seu admirador e discípulo, sendo por ele iniciado em 1933, quando passou a integrar a sua sampradaya. Seu guru nele observou qualidades de liderança, pedindo-lhe para dedicar-se à difusão da cultura vêdica em todas as nações onde se falassem o idioma inglês. A partir daí, ele se dedicou intensamente a essa tarefa. No anos seguintes, Prabhupada passou a escrever em inglês, redigindo um conhecido comentário a Bhagadad Gitâ, traduzido inicialmente com o título *The Bhagavad Gitâ as it is*. Em 1944, fundou a revista quinzenal Back to Godhead ("Retorno ao Ser Supremo"). Ele trabalhava muito, escrevendo, datilografando e editando os seus textos, pessoalmente. Posteriormente, seus discípulos continuaram a publicar essa revista no Ocidente.

Em 1950, com a idade de 54 anos, ele se tornou um vanaprashta, fase da vida do homem por volta dos 55-60 anos, quando retirou-se da sociedade para poder dedicar-se mais intensamente à tarefa de escrever e publicar.

Nessa fase, passou muitos anos morando no templo de Radha-Damodara, localizado na histórica e mística cidade de Vrindavana. Em 1959, tornou-se um samniasyn. No referido templo, ele se dedicou a trabalhar no que seria sua obra-prima, ou seja, traduzir do sânscrito para o inglês os 18.000 versos do Shrimad-Bhagavatam, ou Bhagavata Purana, publicado em português em 19 volumes pela Editora The Bhaktivedanta Book Trust, no Brasil.

Em setembro de 1965, após publicar três volumes da obra citada, viajou aos Estados Unidos para, ali, cumprir sua tarefa espiritual. Conta-se que teria levado consigo uma roupa, alguns livros e apenas sete dólares. Teria viajado no navio cargueiro Jaladhuta, onde sofreu três ataques cardíacos.

Durante os seus primeiros anos em Nova Iorque, Prabhupada viveu como hóspede de imigrantes indianos, intelectuais, místicos e hippies. Algum tempo depois, fundou a "Sociedade Internacional para a Consciência de Krishna", a ISKCON, após vários meses de grandes dificuldades e privações.

Antes de sua morte, em 14 de novembro de 1977, Prabhupada viu seu movimento crescer, iniciou milhares de discípulos e escreveu obras que são usadas em algumas universidades e já foram traduzidas para mais de 50 idiomas. Ele rodeou o mundo 14 vezes para ministrar conferências e, sozinho, tornou a frase "Hare Krishna", uma expressão mundialmente popular.

Ao fundar a ISKCON, Prabhupada concebeu sete propósitos para a união no espírito de devoção, cultivando a pura consciência a serviço amoroso do Ser Supremo:

1. Propagar sistematicamente o conhecimento espiritual na sociedade e educar todas as pessoas nas técnicas da vida espiritual a fim de sustar o desequilíbrio de valores na vida e alcançar a verdadeira unidade e paz mundial;

2. Propagar a consciência de Krishna, como é revelada na Bhagavad Gitâ e no Srimad Bhagavatam;

3. Unir os membros da Sociedade uns com os outros e torná-los mais próximos de Krishna, de modo a desenvolver a ideia, entre os membros e a humanidade em geral, de que cada alma é parte integrante do Ser Supremo;

4. Ensinar e encorajar o movimento de sankirtana, canto congregacional dos santos nomes do Supremo, conforme é revelado nos ensinamentos de Chaitania Mahaprabu;

5. Erigir, para os membros e para a sociedade em geral, um lugar sagrado de passa tempos transcendentais, dedicado a Krishna;

6. Manter os membros unidos com o objetivo de ensinar um modo de vida mais simples e natural;

7. Tendo em vista o cumprimento dos propósitos supramencionados, publicar e distribuir periódicos, revistas, livros e outros escritos.

A ISKCON está inserida em um sistema filosófico, cultural e religioso denominado Gaudiya Vaishnava. "Gaudiya" refere-se ao local onde este ramo do vaishnavismo se originou, em Gauda, região de Bengala.

O Gaudiya Vaishnavismo teve início no século XV, com as prédicas de Chaitanya Mahaprabhu, e, desde então, foi transmitido sob a forma de paramparâ, uma sucessão de mestres que transmitem o conhecimento a seus discípulos, um após o outro, em uma cadeia discipular. Sua base filosófica é muito ampla e originou-se do estudo da Bhagavad Gitâ e do Bhagavata Purana, além de diversos textos como as Upanishads e os Puranas.

Os devotos e adeptos da ISKCON são estritamente monoteístas: concebem a existência de um único Ser Supremo, o qual é provido de infinitos nomes e infinitas formas, de acordo com as suas infinitas qualidades. O nome principal do Ser Supremo é Krishna, uma das encarnações de Vishnu. Esse é descrito como a expressão original e mais elevada do Supremo, também denominado pela ISKCON por "a Suprema Personalidade de Deus", expressão criada por Prabhupada.

Diferentemente das demais escolas Advaitas (monistas) do hinduísmo, a ISKCON rejeita firmemente a hipótese de que a alma, ao alcançar a Libertação Espiritual, experimenta uma "fusão" ou "união" com o Supremo, tornando-se uma "luz", um "vazio" ou algo sem forma nem desejos. A ISKCON diz que, tanto o Supremo quanto a alma individual são definidos como eternamente pessoais, não se fundindo, jamais, em uma existência única.

Prabhupada estabeleceu quatro regras morais indispensáveis para que se possa levar uma vida sadia, pura, civilizada e mais próxima do Supremo. Essas regras são chamadas os Princípios Reguladores:

a. Não comer carne (nem peixe, nem ovos, nem frutos do mar, nem seus derivados). A ISKCON propõe o lacto-vegetarianismo como o regime alimentar ideal para o ser humano, e está relacionado ao princípio vêdico de Daya (não-violência ou misericórdia). Todos os alimentos oriundos da matança de animais são considerados impróprios para o consumo, e a proteção às vacas é especialmente estimulada, por serem elas os animais mais queridos por Krishna;

b. Não praticar sexo ilícito. Relações sexuais só são autorizadas entre um homem e uma mulher casados, com o objetivo de gerar filhos. A luxúria, a busca do sexo por prazer, é apontada por Prabhupada como um inimigo da alma, pois faz com que o ser humano se esqueça de Krishna e se apegue cada vez mais ao corpo. Por isso, a castidade, o pudor, o respeito para com o sexo oposto e o autocontrole são muito enfatizados na ISKCON;

c. Não participar de jogos de azar. Segundo Prabhupada, eles indiscutivelmente aumentam a ira, a inveja, a ansiedade e a cobiça e não condizem com um modo de vida e de sobrevivência honesto e honrado. Abster-se da jogatina desenvolve a qualidade de Satya, a veracidade;

d. Não usar bebidas e comidas intoxicantes. Isso inclui a abstinência total de bebidas alcoólicas, tabaco, maconha, cocaína, LSD, drogas em geral, chás alucinógenos e produtos à base de cafeína. Cebola e alho também são proibidos. Assim, o devoto mantém o princípio de Sauca (Shauca), a limpeza, e evita obscurecer sem necessidade a mente, sempre perturbada e ofuscada por todo tipo de conceitos materiais;

e. Oferecer o alimento a Krishna antes de consumi-lo, com o canto de mantras e orações. Dessa forma, a comida se torna Prashada, ou seja, alimento sagrado, purificado;

f. Recitar no mínimo dezesseis voltas diárias de japa mala, uma espécie de rosário com 108 contas feitas de sândalo ou outros tipos de sêmentes ou madeiras. Em cada conta, o devoto recita o mantra Hare Krishna, o que equivale a recitá-lo 1728 vezes por dia. Essa prática dura entre 1h30 e 2h, e deve preferencialmente ser feita de manhã bem cedo, antes de qualquer outra atividade ou trabalho.

g. Associar-se com os devotos. Dá-se preferência à companhia de outras pessoas seguidores de Krishna e evitar relacionar-se com pessoas que possam ser obstáculo ao avanço espiritual. Os livros do Movimento Hare Krishna desencorajam especialmente a associação com pessoas materialistas e com aquelas que não aceitam que o Ser Supremo tenha forma e atividades;

h. Ler os livros de Prabhupada. Acredita-se que isso equivale a estar pessoalmente em contato com o mestre espiritual;

i. Fazer peregrinações a lugares sagrados, tais como Vrindavana, onde Krishna passou a infância e a adolescência;

j. Participar das atividades de pregação do Movimento, que incluem o canto do mantra Hare Krishna e a venda dos livros de Prabhupada em locais públicos. Essas atividades são denominadas Sankirtan.

k. Participar de serviço prático nos templos e centros culturais.

Em português, foi publicada, pela The Bhaktivedanta Book Trust, em 1983, uma biografia de Srila Prabhupada escrita por Satsvarupa Gowami. Intitulada *Plantando Sementes*, é dividida em cinco volumes.

Jaiadeva

Jayadeva, também conhecido como Jaidev, teria vivido em 1170 d.C. Era um poeta sânscrito do século XII. Ele é mais conhecido por seu poema épico *Gita Govinda*, no qual escreve sobre o amor de Krishna por Radha em um rito da primavera. Esse poema, que apresenta a visão de que Radha é maior do que Krishna, é considerado um texto importante no movimento Bhakti do hinduísmo.

Pouco se sabe sobre a sua vida, exceto que ele era um poeta solitário e um mendigo hindu celebrado por seu genio poético no leste da Índia. Jayadeva é o primeiro autor de hinos que estão incluídos no Guru Granth Sahib, a principal escritura do Sikhismo, uma religião fundada no subcontinente indiano, séculos após sua morte.

Brâhmane desde o nascimento, a data e o local do seu nascimento são incertos. Com base na leitura do seu texto, a aldeia de Kenduli Sasan, em Odisha, ou a aldeia de Jayadeva Kenduli, em Bengala, são fortes candidatos a serem o local de nascimento de Jayadeva, embora outro local, denominado Kenduli, em Mithila, também seja uma possibilidade. Estudos recentes mostram que os estudiosos ainda discordam sobre essa questão. Jayadeva, foi um andarilho, que provavelmente visitou Puri em algum ponto e ali, de acordo com a tradição, ele se casou com uma dançarina chamada Padmavati, embora isso não seja aceito pelos primeiros comentadores e estudiosos modernos.

Os pais do poeta foram Bhojadeva e Ramadevi. Das inscrições do templo, agora sabe-se que Jayadeva recebeu sua educação em poesia e sânscrito, em um lugar chamado Kurmapataka, possivelmente perto de Konark, em Odisha.

Há registros que narram como o trabalho de Jayadeva teve uma influência profunda sobre Guru Nanak durante sua visita a Puri.

Em espanhol, há uma tradução do sâncrito feita por Fernado Tola: *Gita Govinda – Los Amores del Dios Krishna y de la Pastora Radha*, publicada pelo Editorial Biblioteca Nueva, em 1999.

Swami Kuvalayananda

Swami Kuvalayananda nasceu em 30 de agosto de 1883 e faleceu em 18 de abril de 1966. Ele foi pesquisador e educador, conhecido principalmente por sua pesquisa pioneira das bases científicas do Yoga. Ele começou a pesquisa científica sobre Yoga no ano de 1920 e publicou a primeira revista científica especificamente dedicada ao estudo do Yoga, a Yoga Mimamsa, em 1924. A maior parte de sua pesquisa ocorreu no Kaivalyadhama Health and Yoga Research Center, que fundou também em 1924. Sua influência no Yoga moderno tem sido profunda.

Swami Kuvalayananda nasceu Jagannatha Ganesa Gune, em uma família tradicional de Karhade Brahmin na aldeia Dhaboi, no estado de Gujarat, na Índia. O pai de Kuvalayananda, Sri Ganesa Gune, era professor e sua mãe, Srimati Saraswati, uma dona de casa. A família não era rica e precisava depender por algum tempo de instituições de caridade públicas e privadas. Sendo de uma família pobre, Kuvalayananda teve que lutar muito por sua educação. No entanto, em 1903, ele recebeu a Bolsa de Sânscrito Jagannath Shankarsheth para estudar no Baroda College, onde se formou em 1910.

Durante seus dias estudantis, ele foi influenciado por líderes políticos como Sri Aurobindo, que estava trabalhando como um jovem palestrante na universidade, e pelo Movimento Indiano de Origem de Lokmanya Tilak. Seu idealismo nacional e seu fervor patriótico levaram-no a dedicar sua vida a serviço da humanidade. Nessa época, Kuvalayananda fez um voto de celibato que penduraria por toda a sua vida.

Entrando em contato com as massas indianas, muitas das quais eram analfabetas e supersticiosas, percebeu o valor da educação e isso o influenciou a ajudar e organizar a Sociedade de Educação Khandesh, em Amalner, onde, em última análise, tornou-se o principal do Colégio Nacional, em 1916. O Colégio Nacional foi encerrado pelo governo britânico em 1920, devido ao espírito do nacionalismo indiano predominante na instituição.

De 1916 a 1923, Swami ensinou cultura indiana para estudantes do ensino médio e universitários.

O primeiro guru de Kuvalayananda foi Rajaratna Manikrao, professora de Jummadada Vyayamshala, em Baroda. De 1907 a 1910, Manikrao treinou Kuvalayananda no Sistema Indu de Educação Física que Kuvalayananda defendeu ao longo de sua vida. Já na década de 1930, Kuvalayananda treinou grandes grupos de professores de Yoga como forma de espalhar Educação Física na Índia.

Em 1919, conheceu o Yogin bengali, Paramahamsa Madhavdasji, que se instalou em Malsar, perto de Baroda, nas margens do Rio Narmada. A visão da disciplina Yógica, sob a orientação de Madhavdasji, influenciou muito a carreira de Kuvalayananda.

Embora Kuvalayananda fosse espiritualmente inclinado ao idealismo, ele era, ao mesmo tempo, um racionalista rigoroso. Então, ele buscou explicações científicas para os vários efeitos psicofísicos do Yoga que ele experimentou. Em 1920/1921, ele investigou os efeitos de algumas das práticas de Yoga no corpo humano, com a ajuda de alguns de seus alunos, em um laboratório do Hospital Baroda. Sua experiência subjetiva, juntamente aos resultados dessas experiências científicas, o convenceu de que o antigo sistema de Yoga, se entendido por entre o sistema experimental científico moderno, poderia ajudar a sociedade. A ideia de descobrir a base científica por trás desses processos Yóguicos tornou-se o trabalho de sua vida.

Em 1924, Kuvalayananda fundou o Kaivalyadhama Health and Yoga Research Center em Lonavla, onde foi implantado um laboratório para seu estudo científico de Yoga. Ao mesmo tempo, ele também iniciou a primeira revista dedicada à investigação científica do Yoga, intitulada "Yoga Mimansa", vale aqui repetir. A palavra sânscrita mimamsa significa "investigação". Yoga Mimamsa foi publicado trimestralmente todos os anos, desde a sua fundação, e foi programado para ser indexado pela EBSCO em 2012.

Em Yoga Mimamsa, Swami Kuvalayananda e outros publicaram os primeiros experimentos científicos sobre técnicas Yógicas, como o efeito de ásana, shatkarma, bandhas e prânâyâma em seres humanos.

Essas experiências impressionaram alguns pesquisadores ocidentais que vieram ao Centro de Pesquisa de Saúde e Yoga da Kaivalyadhama para aprender mais. A Dr.ª Josephine Rathbone, professora de Saúde e Educação Física, visitou a Universidade de Columbia de 1937 a 1938. K. T. Behanan, um doutorando da Universidade de Yale, escreveu sua tese sobre o Yoga, após visitar Kaivalyadhama, no final de 1931, onde ficou por um ano. Em 1957, os médicos Wenger, da Universidade da Califórnia, e Bagchi, da Universidade de Michigan, passaram um mês e meio trabalhando lá. A pesquisa e a colaboração continuam até hoje.

Além de sua pesquisa em Yoga, Swami Kuvalayananda foi um promotor incansável de suas causas, e passou muitos anos abrindo novos ramos de Kaivalyadhama e aumentando o principal campus de Kaivalyadhama, em Lonavla.

Em 1932, ele abriu o ramo Mumbai de Kaivalyadhama, em Santacruz. Foi transferido para Marine Drive (Chowpatty) em 1936, criando, assim, o Ishvardas Chunnilal Yogic Health Center. A finalidade deste é a prevenção e cura de várias doenças por meio do Yoga. No mesmo período, em Kanakesvara, perto de Alibaug, em Colaba, um Centro Espiritual Kaivalyadhama foi aberto.

Em 1943, ele abriu outro ramo de Kaivalyadhama em Rajkot, Saurashtra, com as práticas espirituais como foco principal. Em 1944, em Lonavla, o Kaivalyadhama Shriman Madhava Yoga Mandir Samiti foi fundado para prosseguir pesquisas científicas e literárias em Yoga.

O Colégio Gordgyas Seksaria do Yoga e Síntese Cultural foi estabelecido em 1951, em Lonavla, para preparar os jovens espiritualmente e intelectualmente para o serviço desinteressado à humanidade. Em 1961, abriu o hospital Srimati Amolak Devi Tirathram Gupta Yogic para o tratamento de transtornos funcionais crônicos com a ajuda de técnicas do Yoga.

Alguns de seus alunos ganharam o prêmio de Padma Shri, de S. P. Nimbalkar, e se tornaram professores de Yoga conhecidos em seus próprios direitos.

Kuvalayananda publicou os seguintes livros: *Asanas* (1993); *Yogasana* (1992); *Pranayama* (2005); *Goraksa-Satakam* (tradução) (2006); *Visão e sabedoria* (1999).

Selo da República da Índia em homenagem ao Swami Kuvalaiananda[60]

Túmulo de Swami Kuvalaiananda, em Kaivalyadhama[61]

---

[60] https://www.wikiwand.com/en/Swami_Kuvalayananda
[61] Foto do autor.

Swami Satchidananda Sarasvati

Satchidananda Saraswati nasceu em 22 de dezembro de 1914, em Chettipalayam, uma pequena aldeia em Coimbatore, perto de Podanur, no estado indiano sul de Tamil Nadu.f Seu nome é C. K. Ramaswamy Gounder. Seus pais, porém, o chamavam carinhosamente de Ramu. Mais tarde, ficou conhecido como Swami Satchidananda. Ele foi um professor religioso indiano, mestre espiritual e adepto do Yoga, que ganhou fama, indo, em seguida, ao Ocidente. Foi o autor de muitos livros filosóficos e espirituais, e era o gerente do Templo de Perur no começo de sua vida. Tinha, também, um núcleo enorme de discípulos fundadores, que compilaram e solicitaram que Satchidananda Saraswati, atualizasse manuais tradicionais de Yoga, como o Yoga Sutra de Patanjali e o Bhagavad Gitâ, para leitores modernos.

Permaneceu vegetariano durante toda a vida e depois escreveu um livro intitulado *The Healthy Vegetarian*. Depois de estudar na faculdade agrícola, ele trabalhou em uma empresa familiar que importava motocicletas. Aos 23 anos, ele se tornou um gerente na National Electric Works da Índia. Casou-se e teve dois filhos. Sua esposa morreu cinco anos após o casamento. *Apóstolo da Paz*, sua biografia, inclui muitos detalhes atualizados na década de 1990.

Após a morte súbita de sua esposa, Ramaswamy percorreu toda a Índia, meditando em santuários sagrados e estudando com professores espirituais reverenciados. Durante anos, Ramaswamy procurou por verdadeiros sábios, santos e mestres espirituais. Ele foi iniciado como samnyasin no Ramakrishna Tapovanam. Enquanto estava no ashram, seu trabalho era cuidar de jovens órfãos. Durante esse período, ele também estudou junto ao renomado Ramana Maharshi. Ele finalmente deixou o ashram quando não suportou observar o sofrimento do câncer de braço de Sri Ramana. Ramana Maharshi morreu pouco depois de sua partida. Ele viajou para Rishikesh, uma cidade sagrada no sopé dos Himalaias, localizada nas margens do Rio Ganges. La, ele descobriu seu guru Swami Shivananda, fundador do Divine Life Society, ex-médico, que o ordenou na ordem dos sannyasis em 1949, e deu-lhe o nome de Satchidananda Saraswati.

No final da década de 1950 e na década de 1960, Satchidananda liderou, em conjunto com outro discípulo de Shivananda, Satchidananda Saraswati Mataji, o Kandy Thapovanam, um dos ashrams de Shivananda, situado na região montanhosa do Sri Lanka. Ali, Satchidananda ensinou

Yoga, concebeu e implementou abordagens inter-religiosas inovadoras para os festivais tradicionais hindus, e modernizou o antigo modo de vida que os renunciantes seguiam por muitos anos. Por exemplo, Satchidanda dirigiu um carro, usava um relógio e envolvia-se ativamente nas questões dos buscadores. Essas modernizações foram ridiculizadas por certos indivíduos da ortodoxia, mas ele sentiu que eram necessárias.

Swami Satchidananda esteve no palco no Festival Woodstock de 1969. Depois de servir o seu guru por muitos anos, em 1966, visitou a cidade de Nova Iorque a pedido do artista Peter Max. Logo após sua visita inicial, Satchidananda mudou-se formalmente para os Estados Unidos e, eventualmente, tornou-se um cidadão. De sua nova casa, ele espalhou seus ensinamentos de Yoga, serviço altruísta, ecumenismo e iluminação.

Satchidananda chamou a atenção do público como o orador de abertura no festival de artes e paz da música Woodstock em 1969. Ao longo dos anos, ele escreveu inúmeros livros e deu centenas de palestras. Ele também ordenou uma série de discípulos ocidentais na ordem de sannyasi. Foi o fundador do Instituto Integral de Yoga e Yogaville na América, e foi o guru espiritual dos principais atores de Hollywood e músicos ocidentais. Em 1986, abriu o Santuário Universal da Luz da Verdade (LOTUS) em Yogaville, em Buckingham, na Virgínia.

Em 19 de agosto de 2002, Satchidananda Saraswati morreu depois de falar em uma conferência de paz em Chennai. Seu funeral ocorreu em Buckingham, na Virgínia, em 22 de agosto.

Jayadeva Yogendra

Localizado em Santacruz, Mumbai, o Yoga Institute é conhecido como um dos centro de Yoga mais antigo do mundo. Seu fundador, Sri Yogendra, nasceu em 1897 e faleceu em 1989. Ele desempenhou um papel fundamental no desenvolvimento do Hatha Yoga médico, um passo na história do Yoga que mais tarde levaria ao desenvolvimento do Yoga Therapy.

Hoje, o Instituto de Yoga serve diariamente mais de mil pessoas. Os cursos de Yoga disponíveis incluem: crianças, casais, idosos, pré-natal e terapia de Yoga, na cura de problemas cardíacos e hipertensão, problemas respiratórios, diabetes, condições ortopédicas e problemas relacionados ao estresse. Concentração, relaxamento e treinamento mental e de memória também estão disponíveis. Esses tópicos são baseados nos princípios do Samkhya dos Bhavas.

Os cursos de treinamento de professores de Yoga também estão disponíveis ao longo de um, três e sete meses. O Instituto publica livros sobre terapia de Yoga, ásanas, prânâyâmas, aconselhamento de casais, ética para a vida cotidiana e uma variedade de outros assuntos sobre educação do Yoga.

O Instituto é dirigido por Hansaji Jayadeva Yogendra, que também atua como presidente da International Board of Yoga. Hansaji foi nomeado recentemente como diretor executivo especial pelo Governo do Maharashtra em 20 de junho de 2011.

O Instituto de Yoga foi fundado em 1918 por Sri Yogendraji em "The Sands", perto de Bombaim. Foi o primeiro centro de Yoga a oferecer cursos gratuitos para homens, mulheres e crianças, de qualquer casta ou credo.

Em 1919, Shri Yogendraji partiu para a América para encontrar o Yoga Institute of America em Bear Mountain, em Nova Iorque. Até o casamento dele, em 1927, Yogendraji visitou o mundo, ensinando Yoga, tratando pacientes e coletando manuscritos sobre Hatha Yoga.

O primeiro jornal do Yoga Institute, YOGA, foi publicado em 1933, uma revista pioneira que continua a ser publicada hoje. Em 1940, as publicações do Instituto foram microfilmadas e preservadas na Cripta de Civilização para serem lidas 6000 anos depois, na Universidade de Oglethorpe, na Geórgia.

O Instituto de Yoga encontrou uma base permanente em Santacruz em 1948. Em 1951, o Governo da Índia preparou seu primeiro filme documentário cultural sobre Yoga sob sua supervisão. Nesse mesmo ano, cientistas da Harvard e especialistas da Unesco, a Dr.ª Theresa Browne e o Dr. J. B. Millovanovich, vieram ao Instituto de Yoga para realizar pesquisas sobre os efeitos de yoni mudrã.

Em 1957, o Governo solicitou ao Instituto que realizasse uma pesquisa sobre Yoga na Índia. No ano seguinte, o governo reconheceu o Instituto de Yoga como um instituto de treinamento especial de Yoga e pesquisa. O financiamento foi dado para bolsas de estudo para professores de Yoga que seriam treinados no Instituto e colocados em escolas por toda a Índia. As décadas seguintes, veriam uma continuação da pesquisa e publicação na história da Yoga e sua aplicação como remédio.

O Instituto de Yoga lançou a Unidade de Pesquisa Médica para pesquisas sobre doenças psicossomáticas e psiquiátricas em 1970, com ajuda do Conselho Central de Pesquisa em Medicina Indiana e Homeopatia. Os Centros do Instituto de Yoga foram estabelecidos na Austrália, Brasil, Canadá, Finlândia, França, Itália, Japão, América do Sul, Suíça e Reino Unido.

Em 1989, o fundador, Shri Yogendraji, morreu, deixando o cuidado do instituto para seu filho, o Dr. Jayadeva Yogendra.

O Instituto de Yoga hospedou a Conferência de Yoga do Mundo em 1997, que foi presidida por Sua Santidade, o Dalai Lama. Ao longo da história do Instituto de Yoga, foram publicados diversos livros, bem como projetos de pesquisa médica, oficinas, acampamentos de saúde e programas de divulgação da comunidade.

O fundador do Instituto de Yoga, Shri Yogendraji, é uma das figuras responsáveis pela simplificação de ásanas, trazendo tecnologias do Yoga para o chefe de família comum. Ele era conhecido por ser um amante da poesia e um adepto da eugenia, a ciência aplicada ou o movimento biosocial que defende o uso de práticas voltadas para melhorar a composição genética de uma população, geralmente se referindo a populações humanas. Ele propagou o Yoga como um meio para incentivar a evolução consciente.

Seu filho mais velho, o Dr. Jayadeva Yogendra (M.A., PhD.) assumiu a diretoria do Instituto de Yoga, Santacruz, em 1985. Ele foi pioneiro no trabalho em Yoga Education and Therapeutics. Sua esposa, a atual diretora do Instituto, Hansaji, foi apresentada em programas nacionais de televisão para a saúde, uma série ainda em execução em vários canais internacionais. Além de atuar como diretora do instituto, Hansaji é também presidente da "International Board of Yoga".

Em 2011, a atual diretora, Hansaji Jayadeva Yogendra, recebeu um Prêmio de Reconhecimento da Associação Internacional de Terapeutas de Yoga para a contribuição do Instituto de Yoga no desenvolvimento da Yoga Therapy. A partir de 2012, existe um programa de pesquisa em colaboração com o Ministério da Saúde Central sobre o estresse nas mães de adolescentes, que realizam trabalhos competitivos. Aulas diárias e várias oficinas e programas ainda estão sendo executados.

Gopi Krishna

Gopi Krishna nasceu em 30 de maio de 1903 e faleceu em 31 de julho de 1984, na Índia. Foi um Yogue, místico, professor, reformador social e escritor. Sua autobiografia é conhecida sob o título *Kundalini: The Evolutionary Energy in Man*.

Gopi Krishna nasceu perto da cidade de Srinagar, no estado de Jammu, em Cachemira, no norte da Índia. Ele passou seus primeiros anos lá e depois em Lahore, no Punjab da Índia britânica. Com a idade de 20 anos, ele voltou para a Cachemira. Durante os anos seguintes, ele conseguiu um emprego nos Correios, no governo estadual, casou-se e criou uma família. No início de sua carreira, ele se tornou o líder de uma organização social dedicada a ajudar os desfavorecidos em sua comunidade, especialmente no que se refere a questões relacionadas ao bem-estar e aos direitos das mulheres.

A experiência de Gopi Krishna com a Kundalinî alterou radicalmente o caminho de sua vida. Ele chegou a acreditar que o cérebro humano estava evoluindo e que a experiência mística da Kundalinî de um indivíduo era um antegozo do que acabaria por tornar-se uma transformação onipresente na consciência humana. Por sua própria conta, a experiência inicial de Gopi Krishna desencadeou um processo de transformação que durou 12 anos. Durante esse tempo, as sensações de luz, esplendor e alegria alternaram com sensações de fogo, calor insuportável e depressão sombria.

Antes de sua morte, em 1984, com a idade de 81 anos, Gopi Krishna escreveu 17 livros sobre Consciência Superior, três deles inteiramente em verso.

Um dos fatos pouco conhecidos sobre a vida de Gopi Krishna é que ele era um defensor dos direitos das mulheres. Colocar isso no contexto histórico e cultural, mostra quão extraordinária foi a sua dedicação por essa causa. Em 1930, menos de 10 anos desde que as mulheres ganharam o direito de votar, a grande maioria das mulheres no mundo ainda eram consideradas incapazes de tal fato. Na Índia, as condições para as mulheres eram ainda piores, e foi inédito presenciar um homem que fazia campanha publicamente pelos direitos das mulheres naquela época.

Gopi Krishna foi um defensor da igualdade entre homens e mulheres. Por isso, acabou preso por suas ações. Uma das suas contribuições de maior alcance envolveu a melhoria das condições para as viúvas. Naquela época, na Índia, a situação de uma mulher cujo marido morreu era, muitas vezes, horrível, especialmente se ela não tivesse filhos adultos para a ajudar ou proteger. O costume de sati, ou seja, lançar-se na pira funerária do marido, embora proscrito, ainda era praticado, particularmente em áreas remotas.

Ao lado dos seus esforços humanitários, Gopi Krishna produziu poesia e livros em forma de prosa e verso. Mas seu principal impulso ao longo dos anos foi escrever sobre a experiência mística e a evolução da consciência do ponto de vista científico – que se supõe ser um mecanismo biológico no corpo humano, conhecido desde tempos antigos na Índia como Kundalini. Essa "Energia" seria a responsável pela criatividade, gênio, habilidade psíquica, experiência religiosa e mística etc.

Nascido em uma pequena aldeia fora de Srinagar, Cachemira, Gopi Krishna foi uma das primeiras pessoas a popularizar o conceito de Kundalini entre leitores ocidentais. Sua autobiografia, intitulada *Kundalini: The Evolutionary Energy in Man*, foi, mais tarde, renomeada para *Living with Kundalini*. Seus escritos influenciaram o interesse ocidental no Kundalini Yoga.

Ele escolheu o caminho do Yoga devido às suas circunstâncias. Seu pai renunciou ao mundo para levar uma vida religiosa, deixando sua mãe de 28 anos com a responsabilidade de cuidar dele e de suas duas irmãs. Sua mãe fixou todas as suas esperanças de sucesso em seu único filho. Gopi Krishna também foi um bom lutador de luta livre e sabe-se que ele ganhou de muitos outros bons lutadores. As pessoas que o conheciam mencionam que ele tinha a capacidade de ser um lutador de classe mundial, no entanto, ele gastou a maior parte de sua energia em atividades intelectuais.

Mas ele não conseguiu passar no exame para entrar na faculdade, passando a fazer um trabalho modesto, para o sustento de sua família. Ele também começou uma disciplina de meditação para descobrir quem ele era. Depois de ter estado envolvido nisso por muitos anos, ele teve sua primeira experiência Kundalini aos 34 anos, essa descrita em sua autobiografia.

Totalmente despreparado para tal fato, foi completamente surpreendido. Mas, recuperando seu autocontrole, manteve a mente no ponto de concentração. A iluminação tornou-se cada vez mais brilhante, mais ruidosa, experimentando uma sensação de balanço, quando se sentiu escorregar para fora do seu corpo, completamente envolvido em um halo de luz. Era impossível descrever a experiência com precisão.

À luz das experiências de Gopi Krishna, ele próprio começou a procurar a vida de gênios e pessoas iluminadas na história, para saber se, neles, houve indícios de despertar da Kundalinî. Ele propôs a criação de uma organização para realizar pesquisas científicas sobre o assunto.

A pesquisa deve, de acordo com ele, consistir em investigações sobre processos biológicos no corpo, pesquisa psicológica e sociológica de pessoas vivas. De acordo com o Gopi Krishna, a vida das pessoas históricas também deve ser investigada.

Escreveu vários livros, nos quais narra a sua experiência com a Kundalinî.

Em português, há os seguintes livros de Gopi Krishna: *Kundalini* (Editora Record, s/d); *O Despertar da Kundalini* (Editora Pensamento, 1989); *Kundalini – O Caminho da Auto-Iluminação para a Nova Era* (Editora Record, 1992); *Kundalini – O Caminho da Auto-Iluminação* (Editora Nova Era, 2004).

2

OS GRANDES MESTRES
DO YOGA NO OCIDENTE

Senhor,
Se for da Tua vontade
Desapareça aos meus olhos a face do mundo
Como evanescente miragem
Para que o esplendor da Tua Essência
Me seja revelado,
Eu me transformarei em eterno e puro raio
Da clara luz da lua;
Assim, no silêncio de todas as madrugadas
Envolto na túnica do amor e da ternura,
Caminharei de porta em porta,
E com o leve de meus dedos
Ressuscitarei a todas as flores mortas
Esparsas pelos jardins do mundo.
(Carlos Alberto Tinoco)

Paul Brunton

Paul Brunton, nascido em Londres como Raphael Hurst em 21 de outubro de 1898, foi um filósofo britânico, místico, Yogue, viajante e guru. Morreu em 1981, em Vevey, na Suíça.

Deixou uma carreira jornalística para viver entre os Yogues, místicos e homens santos da Índia. Estudou uma grande variedade de ensinamentos esotéricos Ocidentais e Orientais. Devotando a sua vida à busca espiritual, Brunton responsabilizou-se pela tarefa de comunicar as suas experiências com os demais, sendo a primeira pessoa a escrever a respeito do Oriente com uma perspectiva ocidental. Seus trabalhos são, na maioria, influências do misticismo ocidental pelo oriental. Tentando expressar seus pensamentos utilizando termos das pessoas leigas, Brunton foi capaz de apresentar com uma linguagem atual o que ele aprendeu do Oriente e das tradições antigas. Os escritos de Paul Brunton enfatizam sua visão de que a meditação e a busca interior não são exclusivamente para monges e ermitões, mas também para pessoas com vida normal, vivendo ativamente no mundo Ocidental.

Paul Brunton, após ter servido na primeira guerra mundial, começou a devotar-se ao misticismo, entrando em contato com Teosofistas. Em meados de 1930, embarcou em uma viagem para a Índia que o levou a ter contato com iluminados como Sri Shankaracharya de Kancheepuram e Sri Ramana Maharshi. De fato, Paul Brunton tem o crédito de introduzir os pensamentos de Ramana Maharshi na cultura ocidental por meio dos seus livros *A Search in Secret India* (A Índia Secreta) e *The Secret Path* (O Caminho Secreto).

Após duas décadas de sucesso com seus livros, Paul Brunton retirou-se da vida editorial, devotando-se a escrever ensaios e pequenas notas. Até a sua morte, que ocorreu no ano de 1981 em Vevey, na Suíça, ele publicou mais de 20.000 páginas de escritos filosóficos.

Um amigo de longa data, o filósofo Anthony Damiani, coordenou um esforço de publicar o conjunto de toda a sua obra, com uma equipe de várias pessoas, incluindo Paul Cash e Timothy Smith. O editor sueco-estadunidense Robert Larson começou a publicar 16 volumes em 1984.

Em português, Brunton publicou estes livros: *A Imortalidade Consciente; A Índia secreta; O Egito secreto* (1967); *Idéias em perspectiva; A busca do Eu superior; A crise espiritual do homem; A realidade interna; A sabedoria do Eu superior; A sabedoria oculta além da Ioga; O caminho secreto; Meditações para pessoas em crise; Meditações para pessoas que decidem; Mensagem de Arunachala; Um eremita no Himalaia; O que é o karma?; Vislumbres* (2007); e *A Graça Divina* (2008).

O livro *India Secreta*, de Paul Brunton, muito me influenciou e motivou a procurar o Yoga quando residi em Manaus-AM, em 1978.

Paul Brunto e Ramana Mahashi, em Arunashala (Índia)[62]

David Frawley

David Frawley, cujo nome espiritual é Vāmadeva Śāstrī, nasceu em 1950. É um professor hindu americano (acharya) e autor, que escreveu mais de 30 livros sobre temas como os Vêdas, o Hinduísmo (Sanatana Dharma), o Yoga, Ayurveda e astrologia vêdica, publicados tanto na Índia quanto nos Estados Unidos e no Brasil. Ele é fundador e diretor do Instituto Americano

---

[62] https://realization.org/p/ramana/gallery-notes/gro/gro_62.html

de Estudos Vêdicos em Santa Fé, no Novo México, que oferece informações educacionais sobre a filosofia do Yoga, Ayurveda e a astrologia védica.

Sua esposa, Yogini Shambhavi Chopra, uniu-se a ele em seus ensinamentos. Frawley é um colaborador frequente da revista Hinduism Today. Está associado a várias organizações vêdicas e Yógicas em vários países. É professor de sânscrito (Vedacharya), Vaidya (médico ayurvédico) e Jyotishi (astrólogo vêdico). Tem sido repetidamente reconhecido como um notável mestre espiritual, especialmente de Yoga. Em 2016, fundou, junto a U. Mahesh Prabhu, a Vedic Management Center.

Em 2015, foi homenageado pelo então presidente da Índia com o Padma Bhushan, o terceiro prêmio civil mais alto concedido pelo Governo da Índia por "serviço destacado de ordem elevada à nação".

Em 2000, em seu livro *How I Became a Hindu: My Discovery of Vedic Dharma*, Frawley detalha que primeiro recebeu uma educação católica para, depois, abraçar o hinduísmo e o conhecimento vêdico. Ele descobriu os Vêdas, em torno de 1970, por meio do trabalho de Sri Aurobindo, como parte de seu exame de Yoga e Vedanta. Suas primeiras traduções publicadas, entre 1980-1984 em várias revistas do Sri Aurobindo Ashram, sob os auspícios de M. P. Pandit, foram sobre hinos do Rig Veda.

Em 1991, sob os prenúncios da professora hindu Avadhuta Shastri, ele recebeu o nome espiritual de Vamadeva Shastri. Em 1996, recebeu o título de Pandit, conhecedor dos textos sagrados da Índia juntamente ao prêmio de Brahmachari Vishwanathji Award em Mumbai. Continuou, então, o trabalho de Kavyakantha Ganapati Muni, o principal discípulo de Bhagavan Ramana Maharshi, estando ligado ao professor indiano Shaivite Sadguru Sivananda Murty. Vamadeva Sastri recebeu o título de Doctor of Letters (D.Litt.) do Swami Vivekananda Yoga Anusandhana Samsthana.

Em 1980, Frawley fundou o Centro de Pesquisas Vêdicas, renomeado como o Instituto Americano de Estudos Vêdicos em 1988, que apresenta seus trabalhos e ensinamentos disponibilizados online.

Vamadeva Shastri estudou, escreveu e ensinou extensivamente no campo de Ayurveda, começando com seu trabalho com Vasant Lad em 1983. Ele atua com múltiplas instituições ayurvédicas, incluindo: o Centro Chopra da Universidade de Deepak Chopra (onde é professor mestre); a Academia Kerala Ayurveda (onde é assessor primário e professor); o Colégio da Califórnia de Ayurveda; a Escola Kripalu de Yoga e Ayurveda; a Associação Médica

Nacional de Ayurveda (onde foi um dos quatro principais assessores desde a sua criação, em 2000) e a Associação de Profissionais Ayurveda da América do Norte (onde é conselheiro). Ele já havia ensinado medicina chinesa à base de ervas e herbologia ocidental.

Frawley estava intimamente ligado ao notável astrólogo indiano Dr. B. V. Raman (Bangalore Venkata Raman). Ele foi um dos primeiros americanos a receber o título de Jyotish Kovid do Conselho indiano de Ciências Astrológicas (ICAS) em 1993, seguido de Jyotish Vachaspati em 1996. Foi fundador e primeiro presidente do Conselho Americano de Ciências Astrológicas e Astrologia Vêdica (ACVA), de 1993 a 2003. Ele usa a Astrologia em seus livros sobre a história antiga, seguindo Sri Yukteswar Giri, enfatizando uma atual "Harmonização com o Centro Galáctico", ligando os eventos humanos aos ciclos do tempo cósmico.

Em sua obra educativa vêdica, ele está associado ao movimento Swaminarayan (BAPS, Bochasanwasi Shri Akshar Purushottam Swaminarayan Sanstha), possuindo muitos templos em todo o mundo.

Em livros como *The Myth of the Aryan Invasion of India* e em *In Search of the Cradle of Civilization*, Frawley critica as interpretações raciais do século XIX, como a "Teoria da Invasão Ariana", proposta por Max Müller, que seria um conflito entre invasores arianos e dravidianos. No livro *In Search of the Cradle of Civilization* (1995), Frawley junto a Georg Feuerstein e Subhash Kak, rejeitaram a Teoria da Invasão ariana e apoiaram a teoria autóctone dos arianos. Em vez de terem invadido a Índia, eles nunca saíram de lá, emigrando para o Ocidente, quando invadiram a Grécia antiga e a Pérsia.

Em 26 de janeiro de 2015, o governo indiano homenageou Frawley com o prêmio Padma Bhushan, um dos mais altos prêmios civis, que raramente são oferecidos a não índians que trabalham nos campos de especialização de Frawley.

Em 2015, a South Indian Education Society (SIES) de Mumbai, na Índia, afiliada da Kanchi Kamakoti Peetham, conferiu-lhe o Prêmio Nacional de Eminência, como um "especialista internacional nos campos de Ayurveda, Yoga e Astrologia Védica". Os premiados incluem vários primeiros ministros, presidentes e líderes espirituais da Índia. Frawley recebeu o prêmio junto a Suresh Prabhu, ministro da Ferrovia da União da Índia.

Em seu livro *American Veda: Como a espiritualidade indiana mudou o Ocidente*, na seção "Paixões pela Índia", Philip Goldberg (2010) menciona David

Frawley ou Vamadeva Shastri como um dos três importantes professores ou acharyas da tradição vêdica no Ocidente nos dias atuais, juntamente a Georg Feuerstein e Andrew Harvey. Em sua seção "Conheça os Inovadores", a revista Yoga Journal fala sobre David Frawley como "um dos primeiros americanos a trazer Medicina Ayurvédica e Astrologia Védica para o Ocidente".

Referindo-se ao seu livro *Yoga e Ayurveda*, Deepak Chopra e David Simon mencionam em *Sete Leis Espirituais do Yoga* (2005) que Frawley é um dos principais professores de Yoga.

Rajiv Mehrotra (2003) da Fundação para a Responsabilidade Universal de Sua Santidade o Dalai Lama em Nova Deli, na Índia, entrevistou Frawley como um dos 20 importantes professores espirituais em seu livro *The Mind of the Guru*. Frawley foi elogiado por chamar Paramahansa Yogananda, "o pai do Yoga no Ocidente".

Em 2002, Frawley, em um artigo do Jornal Hindu, desenhou as recentes descobertas arqueológicas marinhas no Golfo de Cambay, sobre a existência de uma cidade submersa datada de 7.500 a.C., para sugerir, ainda, a possibilidade de origem costeira para a civilização vêdica. Frawley apontou em seu artigo que concorda com os textos do Rig Vêda, que contém referências ao oceano, com base na repetição da palavra sânscrita samudra, que significa oceano. Depois disso, Michael Witzel escreveu um artigo, no qual rejeita Frawley, com base em argumentos de Witzel, em que a palavra samkadra do sânscrito, significa confluência de rio e não oceano. O debate entre Frawley e Witzel continuou por meio de alguns artigos escritos, a fim de indicar seus motivos de especularem sobre os escritores vêdicos, que teriam suas raízes em terras próximas dos oceanos da Índia, ou distantes do oceano e não da Índia.

Frawley escreveu estes livros: *Ayurvedic Healing: A Comprehensive Guide* (1989); *Gods, Sages, and Kings: Vedic Secrets of Ancient Civilization* (1991); *Astrology of the Seers: A Guide to Vedic/Hindu Astrology* (1991); *Tantric Yoga and the Wisdom Goddesses (Spiritual Secrets of Ayurveda)* (1994); *Arise Arjuna: Hinduism and the Modern World* (1995); *Hinduism: The Eternal Tradition (Sanatana Dharma)* (1995); *In Search of the Cradle of Civilization* (1995); *The Oracle of Rama: An Adaptation of Rama Ajna Prashna of Goswami Tulsidas; with commentary* (1997); *Ayurveda and the Mind: the Healing of Consciousness* (1997); *Yoga and Ayurveda: Self-healing and Self-realization* (1999); *How I Became a Hindu: My Discovery of Vedic Dharma* (2000); *Vedantic Meditation: Lighting the Flame of Awareness* (2001); *The Rig Veda: And the History of India (Rig Veda Bharata Itihas)* (2003); *Ayurvedic Astrology: Self-Healing Through the Stars* (2006);

Yoga: The Greater Tradition (2008); *Hidden Horizons Unearthing 10,000 Years of Indian Culture* (2008); *Universal Hinduism: Towards a New Vision of Sanatana Dharma* (2010); *Mantra Yoga and Primal Sound: Secrets of Seed (Bija) Mantras* (2010); *Soma in Yoga and Ayurveda: The Power of Rejuvenation and Immortality* (2013); *Vedic Yoga: The Path of the Rishi* (2014).

Alain Danielou

Alain Danielou[63]

Alain Daniélou nasceu em 4 de outubro de 1907 e faleceu em 27 de janeiro de 1994. Ele foi um historiador francês, intelectual, musicólogo, indólogo e um notável especialista em hinduísmo shivaísta.

Sua mãe, Madeleine Clamorgan, era de uma antiga família da nobreza normanda. Foi uma fervorosa católica, fundou escolas e uma ordem religiosa,

[63] https://www.find.org.in/intellectual-dialogue/intellectual-dialogue-events/alain-danielou-at-samparks-literary-evenings-presentation-of-gods-of-love-and-ecstasy-in-bengali/

a Ordem de Sainte-Marie, para mulheres professoras em trajes civis, sob o patrocínio de São Francisco-Xavier. Seu pai, Charles Daniélou, era um político bretão anticlerical que ocupava inúmeros cargos ministeriais nacionais, na Terceira República. Um de seus irmãos foi um prelado católico e membro da Academia, Jean Daniélou.

Danielou recebeu sua educação na Instituição Notre-Dame de Sainte-Croix, Neuilly-sur-Seine e no St. John's College, Annapolis. Quando jovem, estudou canto sob a orientação do famoso Charles Panzéra, bem como dança clássica com Nicholas Legat (professor de Vaslav Nijinsky) e composição com Max d'Ollone. Posteriormente, ele se apresentou profissionalmente no palco com dançarinos como Floria Capsali e Marjorie Daw. Mais tarde, ele se rebelou contra a devoção profunda de sua mãe a sua fé, mas seu pai permaneceu uma influência positiva, o que ajudou no desenvolvimento de seu talento musical e em lidar com sua homossexualidade. Estudou piano e canto, aprendendo as músicas de Duparc e Chausson, e Lieder de Schumann e Schubert. Ele escreveu poemas, como a proficiência adquirida em inglês e outras línguas europeias.

Ele e seu parceiro, o fotógrafo suíço Raymond Burnier, foram para a Índia como parte de uma viagem de aventura, e ficaram fascinados com a arte e a cultura da nação. Daniélou e Burnier estão entre os primeiros ocidentais a visitar os famosos templos eróticos da Índia na aldeia de Khajuraho. As impressionantes fotografias de Burnier do antigo complexo do templo foram postadas em site internacional e apresentadas em uma exposição no Museu Metropolitano de Nova Iorque.

Em 1932, durante sua primeira viagem à Índia, conheceu o poeta Rabindranath Tagore. Sua estreita associação com Rabindranath Tagore levou-o a ser o diretor da escola de música de Tagore, em Shantiniketan (Universidade Visva-Bharati). Posteriormente, em 1935, ingressou na Universidade Hindu de Benares, onde estudou música hindu, sânscrito, filosofia indiana e religião hindu por 15 anos. Em 1949, foi nomeado professor de pesquisa na Universidade, cargo que ocupou até 1953. Ele também permaneceu como o diretor da Faculdade de Música Indiana. Em Benares (agora Varanasi), ele viveu em uma mansão nas margens do Rio Ganges, chamada Rewa Kothi. Durante esses anos, ele estudou música clássica indiana em Varanasi com Shivendranath Basu e tocou a veena profissionalmente. Danielou também estudou hindu, línguas sânscritas e filosofia indiana. Seu interesse pelo simbolismo da arquitetura hindu e da escultura, o levaram a longas viagens com Burnier para Khajuraho, Bhubaneswar e Konarak, locais na Índia central e Rajasthan. Ele também traduziu algumas obras de Swami Karpatri, por quem ele foi iniciado no shaviasmo, sob o nome de Shiva Sharan (Protegido por Shiva).

Em 1953, Alan Danielou afiliou-se ao Centro de Pesquisa da Biblioteca Adyar, na Sociedade Teosófica Adyar, perto de Madras (agora Chennai), onde foi diretor de um centro de pesquisa em literatura sânscrita até 1956. Em 1959, ele se tornou membro do Instituto Francês de Pondicherry, que trabalha no campo da Indologia.

Ao retornar à Europa, em 1960, foi nomeado conselheiro do Conselho Internacional de Música da Unesco, o que o levou a uma série de gravações de músicas tradicionais, como a "Coleção da Unesco: Uma Antologia Musical do Oriente", "Atlas Musical", "Fontes Musicais" e "Antologia hindu de Música clássica". Em 1966, ele se tornou o fundador e diretor do Instituto Internacional de Estudos e Documentação de Música Comparada em Berlim Ocidental, onde permaneceu até 1977. Ele também permaneceu como diretor do Istituto Internazionale di Musica Comparata em Veneza de 1969 a 1982. Sua contribuição mais importante para a Indologia, são seus escritos sobre a antiga sabedoria dos Vêdas, Yoga, filosofia hindu e shivaísmo.

Ele é o autor de mais de 30 livros sobre música e cultura indiana. E, além de ser fotógrafo e artista, recebeu vários prêmios por seu trabalho em música.

Ao retornar à Europa, em 1960, foi nomeado conselheiro do Conselho Internacional de Música da Unesco, o que o levou a uma série de gravações de músicas tradicionais, como a "Coleção da Unesco: Uma Antologia Musical do Oriente", "Atlas Musical", "Fontes Musicais" e "Antologia hindu de Música clássica". Em 1966, ele se tornou o fundador e diretor do Instituto Internacional de Estudos e Documentação de Música Comparada em Berlim Ocidental, onde permaneceu até 1977. Ele também permaneceu como diretor do Istituto Internazionale di Musica Comparata em Veneza de 1969 a 1982. Sua contribuição mais importante para a Indologia, são seus escritos sobre a antiga sabedoria dos Vêdas, Yoga, filosofia hindu e shivaísmo.

Foi diretor da Legião de Honra, da Ordem Nacional de Mérite, da série Coleção da Unesco, uma série de gravações da música mundial tradicional, e comandante de Artes e Letras. Em 1981, recebeu o prêmio Unesco/CIM de música e, em 1987, a Medalha de Katmandu da Unesco.

Escreveu os seguintes livros: *While the Gods play, Shaiva Oracles and Predictions on the Cycles of History and Destiny of Mankind; Gods of Love and Ecstasy, The Tradition of Shiva & Dionysus, Omnipresent Gods of Transcendence; The Hindu*

Temple; Deification of Eroticism; Music and the Power of Sound; A Brief History of India (2003); *The first unabridged translation of the Kama Sutra; Virtue, success, pleasure & liberation: the four aims of life in the tradition of ancient India; Ragas of North Indian Classical Music; The Way to the Labyrinth: An Autobiography; The Myths and Gods of India, Hindu Polytheism; Yoga, The Method of Re-Integration; Yoga, Mastering the Secrets of Matter and the Universe; Fools of God; Song-poems – Rabindranath Tagore, Texts in English, French and Bengali & Melodies; The Congress of the World With miniatures of tantric cosmology; Sacred Music, its Origins, Powers and Future, Traditional Music in Today's World; The situation of Music and Musicians in the countries of the Orient; Introduction to The Study of Musical Scales; Tableau Comparatif des Intervalles Musicaux,* (1958); *Northern Indian Music: Vol. One, Theory, History and Technique; Northern Indian Music: Vol. Two, The Main Ragas; The Phallus, Sacred Symbol of Male Creative Power; India, a civilization of differences: the ancient tradition of universal tolerance; Shiva And The Primordial Tradition: From the Tantras to the Science of Dreams.*

Tara Michäel

Tara Michaël nasceu com o nome de Brigitte Pagès, em Marselha, no ano de 1942. Ela é pós-graduada em clássicos e sânscrito, graduada em hindi, na Índia (1968-1970), em Poona, e depois, entre 1972 e 1980, em Madras. Ela dedicou-se ao Yoga, encontrando os seus mestres espirituais: a Yogini Mataji Indra Devi, em Poona, o grande metafísico Dr. P. K. Sundaram, em Chennai, e Shri Y. G. Doraisami a Madras, patrono das artes.

Ela estudou Hatha Yoga, Kundalini Yoga e, sobre o corpo sutil do Yogue, o Shivaísmo Siddha, no sul da Índia e Vedanta. Essas são as suas principais áreas de estudo e trabalho. Também estudou as artes sagradas da Índia, especialmente a dança, e foi a primeira aluna na prática de Bharata Natyam, encontrando-se, finalmente, com o guru Anil Kumar Lenka. De 2000 a 2007, ela retornou a Pondicherry.

Doutora em Estudos Indianos pela Sorbonne, na Escola Prática de Altos Estudos, Seção de Ciências Religiosas, é autora de vários livros sobre o Yoga, shivaísmo e danças da Índia. Tudo isso, fez Tara Michaël ampliar as suas habilidades e sua experiência no universo da tradição hindu. Residindo em Arles, ela ofereceu palestras sobre vários aspectos dessa tradição.

Graduada em hindi pela Inalco, obteve uma bolsa de dois anos em Pune, na Índia. Em seguida, uma cátedra no Instituto Francês em Pondicherry por dois anos, permanecendo em Madras por seis anos. Doctora em Indian Studies em 1978, foi nomeada pesquisadora do CNRS em 1982, ficando no cargo até 2007. Ela viveu na Índia 10 anos antes de se juntar ao CNRS, durante o inverno. Escreveu livros sobre Yoga, obtendo um certificado de notoriedade.

Ela publicou os seguintes livros: *Clefs pour le Yoga* (1975); *Shiva-Yoga--Ratna, "Le Joyau du Shiva-Yoga"* (1975); *Le yoga* [Texte imprimé] (2003); *Le yoga* (2012); *Koundalinî, l'Énergie évolutive en l'homme* (1978); *La description des six Cakra et quelques textes sur le Kundalinī* (1978); *Corps Subtil et corps Causal, les six cakra et le* (1978); *Introduction aux voies de yoga* [Texte imprimé] (1980); *Yoga, repris en poche du précédent* (1995); *Les voies du yoga* (2011); *Introduction aux voies de Yoga* (2016); *HATHA-YOGA-PRADÎPIKÂ, un traité de Hatha-yoga, introduction traduction et commentaire* (1974, 2012); *Mythes et symboles du yoga* [Texte imprimé] (1984); *La symbolique des gestes de mains (Hasta ou Mudra) selon l'Abhinaya-darpana* (1985); *Aspects du yoga* (1986c); *La Légende immémoriale du Dieu Shiva, Le Shiva-purâna, traduit du sanscrit, présenté et annoté* (1991); *Le Yoga de l'Éveil dans la tradition hindoue,* (1992); *La Centurie de Goraksa* (édition critique et traduction) *et le Guide des Principes des Siddha* (2012); *Le Joyau du Yoga Shivaïte* (2014); *Des Védas au Christianisme* (2009).

Ram Dass

Nascido em Richard Alpert (6 de abril de 1931), é um professor espiritual americano e autor do livro seminal publicado em 1971, intitulado *Be Here Now*. Ele é conhecido por suas associações pessoais e profissionais com Timothy Leary na Universidade de Harvard no início da década de 1960, por suas viagens à Índia e seu relacionamento com o guru hindu Neem Karoli Baba e por fundar as organizações de caridade Seva Foundation e Hanuman Foundation. Faleceu em 22/12/2019.

Richard Alpert nasceu em uma família judaica em Newton, Massachusetts. Seu pai, George Alpert, era um advogado em Boston, presidente da New York, New Haven e Hartford Railroad, um dos fundadores da Brandeis University e do Albert Einstein College of Medicine, além de ter uma importante fundação para causas judaicas. Ram Dass se considerou um ateu e não professou nenhuma religião durante o início de sua vida, descrevendo-se como "induzido pela religião".

Alpert frequentou a Williston Northampton School, formando-se em 1948 como parte da Associação Cum Laude. Ele recebeu um diploma de bacharelado da Universidade Tufts, realizou mestrado na Universidade Wesleyana e doutorado (todos em Psicologia) na Universidade de Stanford.

Depois de ser professor visitante na Universidade da Califórnia, Berkeley, Alpert aceitou lecionar em Harvard, onde trabalhou no Departamento de Relações Sociais, Departamento de Psicologia, Escola de Pós-Graduação em Educação e Serviço de Saúde, onde era terapeuta. Talvez o mais notável tenha sido o trabalho que fez com seu amigo e associado Timothy Leary, professor de Psicologia Clínica na Universidade. Alpert e Leary experimentaram e dedicaram pesquisas intensivas aos efeitos potencialmente terapêuticos de drogas alucinógenas, como psilocibina, LSD-25 e outros produtos químicos psicodélicos. Eles são autores do livro *The Psychedelic Experience*. Leary e Alpert foram formalmente demitidos da universidade em 1963. De acordo com o presidente de Harvard, Nathan M. Pusey, Leary foi demitido por deixar Cambridge e suas aulas, sem permissão ou aviso.

Em 1967, Alpert viajou à Índia, onde se encontrou e viajou com o buscador espiritual americano Kermit Michael Riggs, que se chamava de "Bhagavan Das" e, finalmente, conheceu o homem que se tornaria seu guru, Neem Karoli Baba, no ashram Kainchi, a quem Alpert chamou de "Maharaj-ji". Foi Maharaj-ji que convenceu Alpert a assumir o nome de "Ram Dass", que significa "servo de Deus", referindo-se à encarnação de Deus como Ram ou Lord Rama. Alpert também se correspondia com o professor espiritual indiano Meher Baba e o mencionou em vários de seus livros.

Em fevereiro de 1997, Ram Dass teve um acidente vascular cerebral que o deixou com afasia expressiva, condição por ele interpretada como um ato de graça. Dass continuou a fazer aparições públicas e conversa em locais pequenos. A partir de 2011, ele continua a ensinar por meio de transmissões em tempo real e em retiros no Havaí. Ram Dass ganhou o Prêmio de "Coragem da Consciência da Abadia da Paz", em agosto de 1991.

Em 2013, Ram Dass lançou um livro de memórias e um resumo de seus ensinamentos, intitulado *Polishing the Mirror: How to Live from Your Spiritual Heart*. Em uma entrevista sobre o livro, aos 82 anos, ele disse que suas reflexões anteriores sobre enfrentar a idade e a morte agora parecem ingênuas para ele.

Conheci Ram Dass em um Congresso de Psicologia Transpessoal, realizado em Manaus, no ano de 1996. Ele falou, dentre outros assuntos, sobre drogas psicoativas e Yoga.

Ram Dass e o autor em Manaus (1996)

Ram Dass publicou os seguintes livros: *Identification and Child Rearing* (with R. Sears and L. Rau) (1962); *The Psychedelic Experience: A Manual Based on the Tibetan Book of the Dead* (with Timothy Leary and Ralph Metzner) (1964); *LSD* (with Sidney Cohen) (1966); *Be Here Now* or *Remember, Be Here Now* (1971); *Doing Your Own Being* (1973); *The Only Dance There Is* (1974); *Grist for the Mill* (with Stephen Levine) (1977); *Journey of Awakening: A Meditator's Guidebook* (1978); *Miracle of Love: Stories about Neem Karoli Baba* (1978); *How Can I Help? Stories and Reflections on Service* (with Paul Gorman) (1985); *Compassion in Action: Setting Out on the Path of Service* (with Mirabai Bush) (1991); *Still Here: Embracing Aging, Changing and Dying* (2000); *Paths to God: Living The Bhagavad Gita* (2004); *Be Love Now* (with Rameshwar Das) (2010); *Polishing the Mirror: How to Live from Your Spiritual* Heart (with Rameshwar Das) (2013).

Swami Dharma Mitra

Aluno de **Sri Swami Kailashananda,** nasceu em 1939 num pequeno vilarejo no Brasil, onde passou anos praticando e ganhando prêmios em fisiculturismo e Jiu-jitsu.

Em 1960 foi para os Estados Unidos, onde conheceu seu guru e começou a praticar intensamente **"Os oito preceitos da Yoga"**. Permaneceu nove anos praticando Karma Yoga em tempo integral e por muitos anos foi o único professor de Yoga nos Estados Unidos que **ensinava posturas avançadas**.

Criou o cartaz *"Master Yoga Chart of 908 Posturas"* ("Cartaz Master das 908 Posturas"). Dirige o Centro Dharma Yoga Center em Nova Iorque.

Arthur Avalon

Sir John George Woodroffe, conhecido também por seu pseudônimo Arthur Avalon, era um orientalista britânico cujo trabalho ajudou a desencadear no Ocidente, um profundo e amplo interesse pela filosofia hindu e práticas Yóguicas.

Foi o filho mais velho de James Tisdall Woodroffe, advogado-geral de Bengala e, em algum momento, membro jurídico do governo da Índia. Sua esposa, Florença, era filha de James Hume. Woodroffe nasceu em 15 de dezembro de 1865 e foi educado na Woburn Park School e University College, Oxford, onde recebeu aulas de jurisprudência, e no B.C.L. (Licenciatura em Direito Civil). Em 1889, e no ano seguinte, foi inscrito como defensor do Tribunal Superior de Calcutá. Ele foi membro da Universidade de Calcutá e nomeado como Professor de Direito Tagore. Ele colaborou com o falecido Sr. Ameer Ali em um livro amplamente utilizado no processo civil na Índia britânica. Foi nomeado Conselheiro Permanente do Governo da Índia em 1902, e, dois anos depois, foi levado ao Tribunal do Tribunal Superior. Ele serviu com competência por 18 anos, e, em 1915, trabalhou como juiz-chefe. Depois de se aposentar na a Inglaterra, ele foi durante sete anos, a partir de 1923, "Leitor na Lei Indiana para a Universidade de Oxford". Morreu em 18 de janeiro de 1936.

Ao lado de seus deveres judiciais, ele estudou filosofia hindu, sânscrito e hindi, estando especialmente interessado no Tantra Hindu. Traduziu cerca de 20 textos sânscritos originais e, sob seu pseudônimo Arthur Avalon, publicou e lecionou sobre filosofia indiana e uma ampla gama de tópicos de Yoga e Tantra.

Woodroff escreveu os seguintes livros: *Introduction to the Tantra Śāstra* (1913); *Tantra of the Great Liberation (Mahānirvāna Tantra)* (1913); *Hymns to the Goddess* (1913); *Shakti and Shâkta* (1918); *The Serpent Power* (1919); *Hymn to Kali: Karpuradi-Stotra (1922); The World as Power* (1922); *The Garland of Letters* (1922); *Principles of Tantra* (2 volumes); *Kamakalavilasa* by Puṇyānanda; *Bharati*

Shakti: Essays and Addresses on Indian Culture; *India: Culture and Society*; e *Is India Civilized? Essays on Indian Culture*.

Arthur Avalon (Sir John George Woodroffe)[64]

Serge Raynaud de la Ferrière

Serge Raynaud de la Ferrière nasceu em 18 de janeiro de 1916 e faleceu em 17 de dezembro de 1962. Foi um filósofo, psicólogo, engenheiro, arquiteto, linguista, pintor, astrólogo, escritor, doutor em medicina natural, cosmobiólogo, cientista, professor francês, Yogue e fundador da Grande Fraternidade Universal, uma organização cultural mundial com ramificações em mais de 22 países.

---

[64] https://www.that-first.com/category/origin_and_history_of_yoga/article/a-brief-history-of-yoga/

Indicado para o Prêmio Nobel da Paz em 1962, ele tem sido descrito como um gênio universal, um filósofo do mundo, líder humanitário e espiritual que alcançou notoriedade por meio da imprensa e rádio, na Europa e na América, emprestando, dessa forma, credibilidade "científica" para a antiga disciplina da Astrologia.

Em tenra idade já demonstrava uma alta intelectualidade e habilidades inatas, em suas pesquisas paracientíficas. Em 1928, aos 12 anos de idade, ele recebeu o prêmio Ernest Rousille como o melhor estudante europeu. Aos 14 anos, ele estava completamente absorvido por seus estudos universitários. Em 1935, aos 19 anos de idade, graduou-se em dois cursos: Engenharia e Arquitetura. Ele demonstrava um interesse em Psicologia, e começou a investigar o relacionamento do homem com o universo, culturas antigas, linguística, Filosofia, Medicina, Teologia, parapsicologia, e estudos metafísicos. Dr. de la Ferrière também estudou esoterismo. Com 20 anos, começou a se interessar por Yoga. Já com 21 anos, em 1937, ele ganhou o doutorado em Filosofia Hermética em Londres e no ano seguinte, em Ciência Universal em Amsterdam.

Durante a Segunda Guerra Mundial, ele retornou à França e, trabalhando como psicólogo, começou suas pesquisas em ciências da astronomia e Astrologia.

Como consequência da confirmação de suas previsões astrológicas, ele conquistou certa fama e popularidade na imprensa escrita e falada da Europa e Estados Unidos, dessa forma, concedendo credibilidade científica ao antigo conhecimento da Astrologia. Todavia o Yoga continuava persistindo como o ponto central do seu interesse. Então, sem descartar suas responsabilidades, atividades públicas, ou investigações científicas, ele, moderadamente, começou a participar de várias iniciações dentro da Ciência dos Grande Rishis da Índia e Tibete, e os Yogues dessa antiga tradição.

Entre 1944 e 1947, ele organizou associações científicas e deu muitas conferências, nas quais comentava sobre suas avançadas teorias.

Em 1946, obteve o grau de doutor em Medicina Natural. Durante o mesmo ano, como presidente da Federação Internacional das Sociedades Científicas, ele pediu ao governo francês para financiar uma expedição de pesquisa às antigas civilizações da América do Sul, e, devido ao fato de os políticos não se mostrarem favoráveis àquela ideia, ele teve seu pedido negado.

Em fevereiro de 1947, Ferrière estabeleceu a Organização Mundial de Cosmobiologia. Em 12 de novembro de 1947, Dr. Serge deixou a Europa e viajou para o continente Americano. Ele chegou a Nova Iorque e estabeleceu o primeiro centro da Grande Fraternidade Universal. O lema da Grande Fraternidade Universal é a tolerância, verdade e paz. Depois de passar pela Guatemala, ele chegou a Caracas, na Venezuela, em 17 de janeiro de 1948, com o objetivo de criar a sede principal da Instituição.

Uma vez que o Centro de Caracas foi estabelecido, Dr. Serge encontra um lindo lugar em El Limón, em Maracay, no estado de Arágua, na Venezuela, onde ele decide construir um ashram, lugar de retiro espiritual. Ali, ele ofereceu uma educação gratuita para o público, o que inclui o estudo e a prática dos antigos ensinamentos tradicionais com o propósito de desenvolvimento espiritual, artístico e mental. Ele também estabelece um Colégio Iniciático, Centro Esotérico e Centro de Estudos livre de pagamentos, também um Centro de Meditação e um Instituto de Yoga.

Depois de uma estada ininterrupta de 17 meses na Venezuela, em 1949 ele viaja para Nova Iorque para presidir a Conferência Internacional da Paz celebrada no mês de junho. De lá, ele parte para Ásia, por meio de Bruxelas e da França.

Em 13 de abril de 1950, em Hardward, na Índia, ele participou do Ardh Kumbh Mela, uma peregrinação que ocorre a cada 12 anos na qual todos os homens santos, rishis e sadhus se reúnem junto a seus seguidores, esperando reconectarem-se e fortalecerem-se em sua essência. Nessa peregrinação, ele recebeu o nome de Mahatma Chandra Bala Guruji.

Na Maçonaria, foi Soberano Grande Inspetor, 33° grau, e Venerável Mestre.

Ele continua sua peregrinação para o Tibete, onde recebe o nome de Tdashi Sis-Sgan Cakya Rimpochech, alcançando, na lua cheia de maio, o quase inacessível cume do Monte Kailas. Depois ele visita os Himalayas, viaja por meio de Burma, Sião e outros países do longínquo leste e vai parar na Austrália. Ele estabeleceu um Centro na Argélia – África, e durante esse tempo, ele participa da Grande Fraternidade Universal, Fundação Dr. Serge Raynaud de la Ferrière, com as Nações Unidas.

Ele visita 43 países estabelecendo a Grande Fraternidade Universal e seus ramos de Centros de Estudos de Sabedoria Universal, ashrams, Colégios Iniciáticos, Institutos de Aperfeiçoamento, Institutos de Yoga, Serviços Sociais etc. Enquanto isso, faz muitas palestras e workshops em Universidades, Faculdades de Medicina, Rotary Clubes, Cruz Vermelha,

Aliança Francesa, Centro Cultural, Escolas Públicas, Igrejas, Francomaçonaria, Templos, Capelas Rosacruzes e Capítulos da Sociedade Teosófica.

Dr. Serge Raynaud de la Ferrière foi aceito e recebido em todo lugar com entusiasmo. Ele apresentava um ensinamento claro e equilibrado, tanto científico e metafísico, sem predominância de orientalismo ou ocidentalismo. Seus ensinamentos são muitos e variados, por exemplo: Budismo, Bíblia, Filosofia, Ontologia, Geofísica, Cosmobiologia, Meta-Astronomia, Medicina, Ciência Hermética. Universidades e Sociedades conferiram a ele títulos e honrarias, e cientistas em todo lugar aderiram às suas teorias.

Uma vez retornando à Europa, ele deixa de usar suas vestiduras brancas que costumava usar durante suas palestras públicas, atividades e reuniões. Ele se fixa em Nice, França, nos Alpes Marítimos Franceses, onde ninguém pode reconhecê-lo, e começa a escrever os *Propósitos Psicológicos*, volumes 1 a 36, e suas 61 cartas circulares. Até esse ponto, ele já havia escrito: *As Grandes Mensagens, Yug, Yoga e Yoguismo, Arte na Nova Era*, e *O Livro Negro da Franco Maçonaria*.

Escreveu mais de 100 livros. São textos de estudo da sabedoria universal, os quais contêm estradas para o caminho do autoconhecimento e auto realização. O exemplo Arquetípico de sua vida permanecerá indelevelmente gravado na História dos Grandes Filósofos da Humanidade.

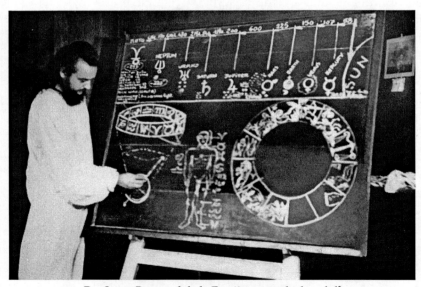

Dr. Serge Raynaud de la Ferrière em sala de aula[65]

---
[65] https://diariodelsembrador.wordpress.com/

Sharon Gannon e David Life

Casal fundador do método Jivamukti Yoga. Conheceram-se em 1983 e viajaram para Índia em 1986, onde conheceriam seu primeiro guru, **Swami Nirmalananda**. Este foi um dos três gurus que os guiaram no caminho do Yoga, apoiando a criatividade inovadora que lhes carateriza. Sharon Gannon estudava e ensinava Yoga desde 1960. O método Jivamukti tem 5 principais preceitos: shastra (escritura), *bhakti* (devoção), *ahimsa* (não violência), *nada* (sons místicos) e *dhyana* (meditação).

Compaixão e não violência é o que o aluno dessa disciplina deve promover por meio de um **estilo de vida vegano e orgânico,** para expandir o bem estar de todos os seres.

Donna Farhi

Praticante do Yoga há 35 anos, e uma das mais reconhecidas no mundo, é a autora de muitos textos clássicos sobre essa cultura, tais como: *The Breathing book* ("O livro da respiração"), *Yoga Mind* ("Mente em Yoga") e *Body & Spirit* ("Corpo e espírito"). Donna Farhi dá workshops e cursos de formação em Yoga ao redor do mundo. Ela é respeitada e reverenciada pela capacidade de guiar alunos de diversos níveis à experiência gratificante da prática pessoal.

Ganga White

Aluno de **Pattabhi Jois** e **B.K.S Iyengar**, fundou o **White Lotus Foundation** em Santa Bárbara, na Califórnia, em 1967. Com experiência de mais de 40 anos em Hatha–Vinyasa **Yoga**, é um dos pioneiros da Yoga na América. Também criou um novo sistema chamado de *"Double Yoga"* (Yoga a dois).

André Van Lysebhet

André Van Lysebeth nasceu em 10 de outubro de 1919 e faleceu em 28 de janeiro de 2004. Foi um instrutor belga de Yoga e autor, cujas obras foram traduzidas para uma variedade de idiomas.

Começou seus estudos de Yoga como discípulo de Swami Shivananda e praticou essa arte, também, sob a orientação de K. Pattabhi Jois. O livro de Van Lysebeth, *Yoga Self-Taught* ("J'apprends le yoga"), ajudou a trazer a atenção ocidental para Pattabhi Jois e seu sistema ashtanga vinyasa.

Lysebeth praticou Yoga desde 1945, sendo, também, o fundador da Belgian Yoga Federation e cofundador da European Yoga Foundation.

Escreveu vários livros. Dentre eles, pode-se destacar: *Prânâyāma – a serenidade do ser*; *Tantra – o culto da feminilidade*; *Aperfeiçoando meu Yoga*; *Aprendendo Yoga*; *Minha sessão de Yoga*.

Alicia Souto

Souto, uma senhora argentina que conheci no I Congresso Sul Brasileiro de Yoga realizado em Curitiba, cidade onde resido, foi tradutora do sânscrito para o espanhol do *Gheranda Samhitâ*, *Hatha Yoga Pradipikâ* e outros textos do Hatha Yoga. Seus livros foram traduzidos para o português e publicados pela Phorte Editora. Sendo uma pessoa notável, substituiu o Dr. Gharote, após o falecimento deste, no The Lonasvla Yoga Institute. Ela faleceu faz pouco tempo. Tinha doutorado em Naturopatia pelo Nisargopchar Mahavidyalaya de Pune, Índia, e foi doutora pela Internacional University of Contemporary Studies, Estados Unidos, e Eutonia, pela Escola Argentina de Eutonia.

Teve seu primeiro contato com o Yoga por meio do seu genitor. Um dos presentes era o Dr. Ismael Quiles, diretor do Departamento de Estudos Orientais na Universidad del Salvador. O Dr. Quiles, posteriormente, implantou um curso de Tecnicatura em Yoga naquela Universidade. Eu, caro leitor, não saberia informar se o curso em Tecnicatura em Yoga na Argentina é o equivalente aos cursos sequenciais do Brasil.

Alicia foi professora titular de Literatura da Índia e de Literatura e Filosofia do Yoga na referida Universidade. Foi, também, professora convidada de muitas universidades, incluindo a Universidade de São Paulo e a Universidade Gama Filho.

Em Buenos Aires, dirigiu o **Centro de Eutonía e Yogaterapia**, filial do Lonavla Yoga Institute da Índia. Esse, de acordo com os ensinos de Swami Kuvalayananda e do Dr. M. L. Gharote, é um centro de estudos e investigação em Yoga Tradicional. Kuvalayananda e Gharote são dois grandes mestres da Índia, fundadores do Instituto de Kaivalyadhama Yoga e o Instituto de Yoga de Lonavla, dedicados à investigação científica, literária e filosófica do Yoga, visando a tornar acessíveis seus benefícios a todas as pessoas.

Em outra ocasião, eu e a minha esposa visitamos Alicia Souto em seu apartamento em Buenos Aires. Foi muito delicada e atenciosa conosco. Serviu-nos um lanche feito de comida natural e nos deu um livro de Hatha Yoga e uma apostila sobre Eutonia. Foi um encontro muito agradável, ocorrido no ano de 2008.

Indra Devi

Eugenie Peterson – seu nome de batismo – ficou conhecida nas Américas como Mataji Indra Devi, a primeira dama do Yoga. Nasceu na Rússia em 12 de maio de 1899. Sua mãe pertencia à nobreza russa e seu pai era de origem sueca. Desde muito jovem, ela foi atraída pela cultura e espiritualidade da Índia.

Em 1920, durante a guerra civil, ela e sua mãe deixaram a Rússia para se instalar na Alemanha, onde Devi se tornou parte de um famoso teatro russo. Como uma estrela, ela visitou a maioria das capitais europeias.

Seu grande sonho de viajar à Índia foi realizado em 1927. Lá, morou 12 anos. Primeiro como visitante, depois como esposa de um diplomata estrangeiro e, finalmente, como estudante de Yoga. Indra Devi, como ela mais tarde foi chamada, começou seu treinamento de Yoga depois de ser curada por meios Yógicos de uma doença cardíaca, que a afligiu por quatro anos.

Durante a sua permanência na Índia, ela fez muitas coisas não convencionais – desde aparecer como personagem principal em filme indiano, até manter uma estreita amizade com Pandit Nehru e outros lutadores da liberdade na Índia.

Devi também conheceu, pessoalmente, Mahatma Gandhi e o grande poeta Rabindranath Tagore. De coração humilde, sentia-se feliz e confortável, tanto em um palácio de Maharaja quanto na morada de um pobre homem.

Seu marido fui transferido para China e, estando em Changai, Indra Devi, seguindo o desejo do seu maestro, Sri Krishnamacharya, abriu uma academia de Yoga, a primeira na China, em fevereiro de 1939.

Uma vez concluída a Primeira Guerra Mundial, Indra Devi retornou à Índia, nos Himalayas, para seguir seus estudos de Yoga avançado. Alí, no palácio do Marajá de Theri, ela escreveu seu primeiro livro, *Yoga*, publicado em 1948 com um prólogo do Dr. G. V. Deshmukh.

Indra Devi começou a dar aulas e conferências sobre o Yoga, chegando a ser conhecida como a primeira ocidental a ensinar sobre esse tema na Índia. Um ano depois, no fim de 1946, foi chamada a Changai para tratar de questões relacionadas aos bens. Seu esposo havia regressado à Europa, onde faleceu. Ao invés de regressar à India, como havia planejado, Indra Devi tomou um navio rumo à Califórnia, onde chegou em janeiro de 1947.

Na Califórnia, passou a dar aulas e conferências sobre Yoga em Hollywood. Entre seus estudantes, encontramos nomes como o de Ramón Navarro, Jennifer Jones, Greta Garbo, Robert Ryan e Gloria Swanson, a quem dedicou seu livro intitulado *Yoga for americans* (traduzido como *Yoga para todos*). Devi também ficou conhecida por ensinar Yoga no Kremlin, abolindo a proibição imposta a essa disciplina.

Outros dois livros, *Para sempre jovem, para sempre sano* e *Renove sua vida praticando Yoga*, foram publicados por Prentice Hall em Nova Iorque. Todos eles se tornaram best sellers, sendo vendidos em 29 países e traduzidos em 10 idiomas.

Em 1953, casou-se com o Dr. Sigfrid Knauer, um famoso médico e raro humanista, que a ajudou muito em seu trabalho, uma vez que ela estava sumamente ocupada em dar aulas, conferências, ir a programas de televisão e de radio, assim como, conceder entrevistas à imprensa, nos Estados Unidos e no México.

Despois de obter a cidadania americana, Eugenie Peterson legalizou o nome de Indra Devi. Ela viajou à Índia, onde seu livro foi traduzido para o hindi, chegando a ser conhecido em todo o país, ganhando um prêmio do governo, pelo melhor livro de "não ficção".

Ela viajou à Argentina pela primeira vez em 1982 e, na sua quinta viajem, decidiu morar naquele país, em Buenos Aires. Nesta capital, passou a ensinar Yoga. Com esse objetivo, criou a Fundação Indra Devi e um instituto de ensino do Yoga na referida cidade.

Em 1987, no Uruguai, foi nomeada presidente honorífica da Federação Internacional de Professores e Instrutores de Yoga e da Confederação Latinoamericana de Yoga e de Federações e Associações Nacionais de Yoga.

Devi faleceu com 101 anos, em 2001.

Indra Devi[66]

---
[66] https://sarahvplatt.com/2015/09/13/indra-devi/

Swami Shivanada Radha

Swami Shivananda Radha Saraswati nasceu em 1911 e faleceu em 1995. Ela foi uma Yoguini alemã que emigrou para o Canadá e fundou a Yasodhara Ashram na Colúmbia Britânica. Estabeleceu uma linhagem espiritual baseada na tradição da Ordem de Saraswati, publicando, também, livros sobre vários ramos do Yoga, incluindo Kundalini Yoga e Mantras. Membro do Instituto de Psicologia Transpessoal da Califórnia, Saraswati ministrou aulas de psicologia transpessoal para ajudar os alunos a se prepararem para a prática espiritual intensa. Professores treinados em Yasodhara Ashram, podiam ser encontrados em toda a América do Norte e na Europa, Caribe, Japão, Austrália e Nova Zelândia.

Shivananda Radha, anteriormente conhecida como Sylvia Hellman, tornou-se uma escritora criativa, fotógrafa e dançarina de concertos solo no início da vida. Ela viveu as duas guerras em Berlim, mas aprendeu com suas experiências, e principalmente quando passou a questionar a existência de Deus, que a vida pode ser cruel.

Seu primeiro casamento terminou quando seu marido, Wolfgang, foi executado em Buchenwald por ajudar amigos judeus a saírem da Alemanha. Ela se casou novamente em 1947. Seu segundo marido chamava-se Albert Hellman. Ele era compositor e violinista, mas morreu após um ano de casamento. Ela também perdeu os dois pais na guerra. Sobrevivendo a esses fardos, em 1951 emigrou para o Canadá, instalando-se em Montreal. Encontrou trabalho no departamento de publicidade de uma empresa química, tornando-se cidadã canadense. A busca pelo significado da vida por meio do Yoga e da meditação, levou-a à Índia, onde encontrou-se com Swami Shivananda Saraswati, de Rishikesh.

Shivananda desafiou-a a pensar profundamente sobre o propósito da vida. Seu compromisso com o serviço altruísta causou uma profunda impressão sobre ela, e o Karma Yoga tornou-se a prática chave em sua vida e, posteriormente, no funcionamento de seu ashram. Sylvia foi iniciada como samnyasin, assumiu quando recebeu o nome de Shivananda Radha Saraswati, em 2 de fevereiro de 1956. Em suas publicações, descreveu eventos extraordinários que surgiram durante a sua iniciação, quando manteve contato com o lendário Yogue Babaji, o avatar imortal descrito por Paramahansa Yogananda em *Autobiografia de um Yogue Contemporâneo*.

Ao retornar ao Canadá, interpretando sua iniciação na condição de samnyasin, assumiu o compromisso de abster-se de todas as ações que surgem da ambição e do desejo egoísta, abandonando o apego mental e emocional à vida neste mundo. Daí em diante, começou uma nova vida em Montreal, sem dinheiro ou emprego, aprendendo a viver por meio da caridade dos outros. No entanto ela rapidamente atraiu a atenção por seu sari laranja, pelo seu estilo de vida não convencional e por sua vontade de falar publicamente sobre suas experiências na Índia. Dentro de alguns meses, ela estava ministrando aulas de Yoga. Foi entrevistada na rádio da CBC, viajando para Ottawa para falar, sendo patrocinada pela Associação Canadá – Índia. Foi, posteriormente, a Vancouver para dar uma palestra sobre a filosofia indiana.

Durante muitos anos, ela se concentrou no estabelecimento do ashram, tornando habitáveis as cabanas da floresta, construindo novos edifícios, estabelecendo programas de ensino de Yoga e publicando um boletim informativo para levantar fundos e atrair pessoas para o ashram. Ela visitou a Inglaterra, a Holanda, a Alemanha e, frequentemente, toda a América do Norte. Lecionou em muitas universidades norte-americanas e, em 1976, coliderou uma conferência com Herbert Guenther, em Yasodhara Ashram, sobre o papel dos gurus no Ocidente. Numa altura em que a compreensão das relações entre Yoga, ciência e Psicologia estava em sua infância, Radha teve um interesse ativo sobre esses temas. Em Minneapolis, ela participou de experimentos de biofeedback com o Dr. José Feola, explorando a natureza dos efeitos das práticas espirituais, contribuindo com a existência de conferências científicas, como a Conferência Council Grove, no Kansas. Descobrindo a necessidade de os alunos lidarem com seus obstáculos psicológicos e emocionais antes de embarcarem em uma prática espiritual intensa, ela adotou a psicologia transpessoal, tornando-se um membro da faculdade e professora formada no Instituto de Psicologia Transpessoal da Califórnia, onde desenvolveu um curso sobre Psicologia para a Consciência Superior.

Na década de 1980 e início dos anos 1990, seu legado tomou forma. Sivananda Radha abriu centros de Yoga na América do Norte, no México e na Inglaterra, onde as aulas e *satsangs* foram oferecidas por professores treinados em Yasodhara Ashram. Um Templo, dedicado à Luz em Todas as Religiões, foi aberto em seu ashram em 1992.

Radha morreu pacificamente em seu centro de ensino em Spokane, no estado de Washington, no início da manhã de 30 de novembro de 1995.

Swami Sivananda Radha[67]

Georg Feuerstein

O maior interesse de Georg Feuestein sempre foi o aspecto espiritual do Yoga indiano, e não as suas práticas físicas. Caracterizou-se pelo estudo profundo das obras originais indianas, nas quais sempre adotou um estilo cuidadoso e erudito.

Nascido em 27 de maio de 1947 em Würzburg, na Alemanha, Feuerstein foi um indólogo alemão especializado em Yoga. Escreveu mais de 50 livros sobre misticismo, Yoga, tantra e hinduísmo. Traduziu, entre outros textos tradicionais, o *Yoga Sutra de Patanjali* e a *Bhagavad Gitâ*.

Mudou-se para a Inglaterra para fazer sua pesquisa de pós-graduação na Universidade de Durham e, posteriormente, morou por 23 anos nos Estados Unidos. Em 2004, Georg e sua esposa e parceira espiritual, Brenda L. Feuerstein, mudaram-se para Saskatchewan, no Canadá, e, em 2012, tornou-se cidadão desse país norte-americano.

---

[67] http://yogaconciencia.blogspot.com/2018/01/que-es-el-mantra-swami-sivananda-radha.html

PhD., tornou-se interessado em Yoga nos seus primeiros anos da adolescência, e tem estudado, desde então, filosofia e história do Yoga. Ele fez seus estudos de pós-graduação na Inglaterra, e, nesse período acadêmico, escrevia poemas. Suas principais obras são *The Encyclopedia of Yoga and Tantra* (2011); *The Yoga Tradition* (2008); *Yoga Morality* (2007), *A dimensão mais profunda do Yoga* e *The Bhagavad-Gītā: A New Translation* (2011).

Georg criou vários cursos de ensino a distância, disponibilizados via internet, uma empresa educacional canadense, de sua esposa. Em 2012, Georg nomeou sua esposa, Brenda, como professora de todos os cursos online.

Georg A. Feuerstein viveu uma vida profundamente produtiva e humilde, falecendo pacífica e conscientemente em um sábado, 25 de agosto de 2012, perto de sua casa no sul da Saskatchewan, devido a complicações da diabetes. Sua transição ocorreu após uma viagem de 9 dias, cercado e apoiado por sua esposa, Brenda, e muitos amigos espirituais.

Seu legado de contribuição acadêmica para a comunidade global de Yoga é enorme e inspirador, ao qual todos temos uma enorme dívida de gratidão. Seu trabalho será cuidadosamente continuado e dirigido por sua parceira, amante, amiga e esposa, Brenda Feuerstein.

Georg e Brenda optaram por residir no campo, em um cenário de retiro, ao longo do Rio Frenchman, onde suas práticas e produtividade floresceram. Para aqueles que perguntam o que podem fazer para homenagear Georg, o pedido é simples: colocar em prática os ensinamentos do Yoga que Georg passou a vida explorando e interpretando para o nosso benefício e compreensão.

Na antiguidade, o Yogue olhava para o mundo natural e para dentro de si, a fim de cultivar a auto realização. Hoje, temos o benefício de livros que transmitem os ensinamentos, canalizados por meio de mentes brilhantes, como as de Georg. Quando você escolhe ler um dos seus livros, faça uma oração de gratidão por Georg, que vive por meio de suas publicações.

3

PROFESSORES DE YOGA NO BRASIL

Em meu coração
Com incenso e preces
Teci um manto de devoção
Para presentear meu Senhor
(Carlos Alberto Tinoco)

Shotaru Shimada

Uma pessoa que conheci em um Congresso de Yoga realizado em Vitória, capital do estado do Espírito Santo em 2003, foi Shotaru Shimada, falecido em 29 de setembro de 2009. Ele fundou a primeira Academia de Yoga não oficial no Brasil em 1956. Durante mais de 30 anos, deu aulas em seu espaço "Shimada Yoga". Foi também professor convidado das Faculdades de Educação Física da USP e FMU, em São Paulo. Publicou algumas obras, entre elas o histórico livro *A Ioga do mestre e do Aprendiz – Lições de uma vida simples para a Plenitude* em parceria com Wagner Carelli. Em 1958, Shotaro Shimada abriu o Instituto de Cultura Yoga Shimada em São Paulo. Hermógenes, Shimada e Marcos Rojo, valorizavam os livros de Swami Kuvalayananda, representado no Brasil por Manohar Laxman Gharote, seguidor da sua tradição.

Carlos Alberto Tinoco

Shotaro Shimada[68]

---
[68] http://yogapelapaz.blogspot.com/2009/11/contribuicao-do-professor-shimada-para.html

Dr. Marcos Rojo Rodrigues

Na área do Yoga, conheci várias pessoas interessantes e uma delas foi o professor Marcos Rojo Rodrigues, por volta de 2006. No curso de pós-graduação lato sensu em Yoga das Faculdades Integradas Espirita, ele lecionou a disciplina Técnicas Respiratórias (Prânayâma). Eu tive a satisfação de estar presente em uma aula e muito aprendi com ele. Marcos implantou na FMU em São Paulo capital, um curso de pós-graduação lato sensu em Yoga que perdura até hoje. Trata-se de um excelente professor de Hatha Yoga, formado em Educação Física. É professor de Educação Física aposentado pela USP, diplomado em Yoga na Escola de Kaivalyadhama (Índia), PhD. em Ciência do Yoga em 1999 (Índia), doutor pelo Departamento de Neurologia da Faculdade de Medicina da Universidade de São Paulo e professor de Yoga na USP e na Associação Palas Athena.

Marcos Rojo Rodrigues (no centro da foto), em um Congresso de Yoga em 2006[69]

---
[69] Foto do autor.

Paulo Murilo Rosas

Outra pessoa interessante que conheci em Vitória, capital do estado do Espírito Santo, em um Congresso de Yoga, foi Paulo Murilo Rosa. Ele segue o Tântra Yoga da linha da "Mão Direita" ou Dakshina Tântra. Publicou alguns livros sobre o tema e vive no Rio de Janeiro-RJ. É uma pessoa muito simpática e enviou-me por correio uma estampa com um desenho colorido da Grande Deusa Kali. Aprendi com ele sobre o "tantrismo da mão direita" e as suas principais técnicas, como por exemplo, trabalhar com o Kanda, centro em que partem os canais sutis (nadis) que levam os prânas a todo o corpo sutil, localizado logo abaixo do umbigo.

Glória Arieira

Gloria Arieira, uma Jñani Yogue, é especialista em Vedanta e Sânscrito. Estudou com Swami Dayananda em Mumbai, norte da Índia, tendo acompanhado o mestre em cursos, palestras e visitas a lugares sagrados. De volta ao Brasil, fundou a Vidya Mandir, instituição sem fins lucrativos que visa a preservar a cultura e o conhecimento dos antigos Vedas e está focada no ensino de Vedanta e Sânscrito em Língua Portuguesa. Tradição clássica de conhecimento indiano, Vedanta significa "o conhecimento contido no final dos Vedas", e tem como principal objetivo o autoconhecimento.[70]

Mestre DeRose

Luiz Sérgio Alvares DeRose nasceu no Rio de Janeiro em 18 de fevereiro de 1944. Conhecido como DeRose, é um escritor, empresário e Yogue brasileiro, sistematizador do Método DeRose, uma proposta de qualidade de vida e alta performance que possui escolas em cerca de 10 países. Essas escolas do Método DeRose operam em um sistema de credenciamento, apesar de serem, algumas vezes, confundidas com uma grande franquia de Yoga.

Seu trabalho já recebeu críticas de áreas da imprensa e de profissionais que realizam trabalhos relacionados ao Yoga. Atualmente trabalha

---

[70] Para mais informações, visite www.vidyamandir.org.br.

com outro segmento por levar em consideração a inadaptabilidade da palavra ioga (Yôga) para a comunicação, e, notadamente, chamou a atenção de executivos e atletas como Lyoto Machida. Para DeRose, não se deve dizer a ioga, nem o ioga, nem o Yoga, e sim, o Yôga. Segundo ele, seu método é pautado em uma urdidura de técnicas e conceitos, vastamente aplicados desde 1960, em vários setores da sociedade.

DeRose recebeu, em 2007, por meio do Decreto Legislativo n.º 85, de 27 de junho, o título de cidadão paulistano.

Começou a lecionar Yoga no ano de 1960, quando, em 1964, inaugurou sua primeira escola. Publicou o seu primeiro livro em 1969, aos 25 anos de idade. Fundou a União Nacional de Yôga em 1975. Promoveu o primeiro projeto de lei pela regulamentação profissional em 1978. Organizou o primeiro Congresso Brasileiro de Yôga em 1981. Criou a Confederação Nacional de Yôga em 1988. Fundou a Primeira Universidade de Yôga do Brasil em 1994 (sem reconhecimento governamental) e o Sindicato Nacional dos profissionais de Yôga em 1997.

DeRose recebeu em 2001 e 2002 o reconhecimento do título de Mestre em Yôga e Notório Saber em Yôga pela FATEA – Faculdades Integradas Teresa d'Ávila (SP), pela Universidade de Cruz Alta (RS), pela Universidade Estácio de Sá – MG, pelas Faculdades Integradas Coração de Jesus – SP e pela Câmara Municipal de Curitiba-PR. Nenhum dos títulos têm validade acadêmica. Em 2010, DeRose recebeu o título de Professor Doutor Honoris Causa pelo Complexo de Ensino Superior de Santa Catarina (Cesusc).

Formando mais de cinco mil instrutores, começou a lecionar aos 16 anos de idade. Com 24 anos de viagens à Índia e mais de 20 livros publicados, ensina o seu método nas Américas e na Europa.

Em 2007, DeRose deixou de trabalhar no segmento do Yôga e passou a trabalhar com o Método DeRose, uma sistematização de técnicas e conceitos cuja proposta é a de elevar o praticante a um patamar de alta performance e a de melhorar a sua qualidade de vida.

Os seus conceitos baseiam-se na fomentação de boas relações humanas, boa alimentação, boa forma e boa qualidade de vida.

Na parte técnica, faz uso de ferramentas como a reeducação respiratória, a administração do stress – técnicas que se propõe a aumentar o tônus muscular e a flexibilidade –, e os procedimentos para o aprimoramento da descontração emocional e da concentração mental.

  De Rose publicou vários livros, dentre eles: *Quando é preciso ser forte* (2007); *A Evolução para o Método DeRose* (2013); *Tratado de Yôga, Yôga Shástra* (2007); *Tudo o que você nunca quis saber sobre Yôga; Programa do Curso Básico; Eu me lembro...; Encontro com o Mestre; Sútras – máximas de lucidez e êxtase; Yôga Sútra de Pátañjali; Mensagens do Yôga; Karma e dharma – transforme a sua vida; Chakras e kundaliní; Meditação e Autoconhecimento; Origens do Yôga Antigo; Corpos do Homem e Planos do Universo; Guia do Instrutor de Yôga* (esgotado); *Prontuário de Yôga Antigo* (edição histórica só para colecionadores); *A regulamentação dos profissionais de Yôga; Alternativas de relacionamento afetivo,* Afrontamento; *Yôga: Mitos e Verdades* (2006); *A Empresa; A Medalha com o ÔM* (2010); *Anjos Peludos; Prática de Yôga Elementar* (1962); *Questionando o Yôga* (1986); *Boas Maneiras no Yôga; Como Perdi 10kg em Dois Meses* (2014); *Cuando es Preciso Ser Fuerte* (2013); *Encuentro Com El Maestro,* Unión International de Yôga (2004); *Faça Yôga Antes que Você Precise* (1999); *Falando Bonito* (2014); *Hiper Orgasmo* (1996); *Mensagens; Método DeRose – Alta Performance; DeRose Method; Méthode DeRose; Método Para um Bom Relacionamento Afetivo; Método de Boa Alimentação; Método de Boas Maneiras; Meu Nome É Jaya; Origenes Del Yôga; Pensamentos; Viagens à Índia dos Yôgis; Vocabulário Comparado De Português-Brasileirês* (2014); *Yo Recuerdo; Yôga a Sério, Zen Noção; Light Exercices; Yôga Tem Acento; Yôga Avanzado; Não diga a Ióga, diga o Yôga; Como perdi 10 kilos em dois meses; Código de Ética do Yôga; Coisas que a vida me ensinou.*

De Rose, à esquerda, e o autor, à direita, no restaurante Mario Quintana, em Curitiba[71]

---

[71] Arquivo pessoal do autor.

Carlos Alberto Tinoco

Monserrat Rosa Fernandes

Monserrat Rosa Fernandes[72]

---
[72] Arquivo disponibilicado pela família de Fernandes.

Monserrat Rosa Fernandes leciona Yoga há mais de quatro décadas como professora da prática milenar da Índia em Curitiba. Ela, que já era professora de Teologia, começou a ensinar a atividade por vocação, depois que caiu em suas mãos um livro sobre o assunto. Começou no Hatha Yoga e sempre procurou permanecer nas linhas tradicionais.

Nas contas de Monserrat, ela teve mais de três mil alunos, entre jovens e idosos, dos quais alguns ainda estão com ela há mais de 30 anos. O Centro de Vivência Monserrat – que há dois anos também se tornou Asrham Monserrat –, fundado por ela, funciona no Bairro de São Francisco há 33 anos. Outras pioneiras do Yoga no Paraná são Teodolina Marques Curi e Ivete Buck.

Ela acredita que o "boom" da Yoga no Brasil ocorreu entre 1985 e 1990. Ela conta que viajou na companhia de José Hermógenes de Andrade Filho e de mais 19 professores para a Índia, em 1985, e lá começou a ensinar.

Segundo a Associação de Yoga do Paraná (Aypar), existem centenas de instrutores de Yoga e mais de 60 academias para praticantes em Curitiba filiadas à entidade. Outros instrutores associados são de Foz do Iguaçu, Paranaguá, Guarapuava, Cascavel, Ponta Grossa e Campo Largo, dentre outras cidades. Dentre as linhas de Yoga disseminadas no Paraná estão a Iyengar Yoga, Ashtanga Vinyasa Yoga, Power Yoga, Vinyoga e Yoga Integral, cada uma com suas peculiaridades e mestres, além é claro da Hatha Yoga que se caracteriza pela permanência nos asanas (posturas corporais).

Monserrat é uma pioneira do Yoga no Brasil. Começou a ensinar Yoga em Curitiba, na década de 1960.

Jean-Pierre Bastiou

Jean Pierre Bastiou (Vasudev) nasceu em Paris, em 1924. Seu pai, Yves, era amigo do brasileiro Santos Dumont. Graduou-se em Educação Física e, em 1950, obteve o 4º Lugar no concurso de Mister Universo.

Em 1952, chegou ao Brasil, com algum conhecimento do Yoga dado por um indiano franzino que o procurara na França, querendo, então, pagar as aulas de fisiculturismo com aulas de Yoga. Abre uma academia de fisicultura e, anos depois, entra como monge no mosteiro Amo-Pax, fundado por Sevananda Swami, recebendo o nome de Vasudev.

Lá, recebeu uma vasta orientação espiritual, numa mescla de esoterismo, rosacrucionismo, teosofia, martinismo e Yoga.

Em 1957 começou a ensinar Yoga no Rio de Janeiro, em Copacabana, em um espaço próprio, mas somente em dezembro de 1958 é que, oficialmente, fundou a primeira academia de Yoga que se tem notícia no Brasil.

Bastiou foi o responsável por levar o primeiro grupo de estudantes à Índia, objetivando a formação dos primeiros instrutores de Yoga no Brasil.

Em 2002 publicou o livro *Globe-Trotter da Consciência: do Yoga à Conscienciologia*.

Há um livro em português de autoria de Jean-Pierre Bastiou em que este narra o seu encontro com Swami Shivananda: *Encontro com o Yoga*, publicado pela Livraria Freitas Bastos, em 1967.

Jean-Pierre Bastiou[73]

---

[73] http://timeline.lumifish.eu/1?instance=R1xwnnu1RdwhSSsP5ldKQutQ8-f-t_7Qhb7t-R0ccls.eyJpbnN0YW-5jZUlkIjoiZjMyNDk3MTctZmUyMC00ZmU1LTkxODktY2NhOGExNGRkOTU4IiwiYXBwRGVmSWQiOiI-xMzcwY2UwYy00NWRmLTkzODAtNTg1ZC1iNzk2ZTAzZjkzNTEiLCJzaWduRGF0ZSI6IjIwMTgtMDEtM-TJUMjM6Mjk6MjEuNTQwWiIsInVpZCI6bnVsbCwidmVuZG9yUHJvZHVjdElkIjpudWxsLCJkZW1vTW9k-ZSI6ZmFsc2V9&target=_top&width=950&compId=comp-j7ktn6bx&viewMode=viewer-seo

Cláudio Duarte

Outra pessoa que vale a pena citar é Claudio Duarte, fundador da Academia de Yóga Clássico em São Paulo capital. Ele me ensinou algumas técnicas sobre o Yoga, das quais não me recordo. Ele foi uma das últimas pessoas que ajudaram a implantar o Yoga no Brasil.

Publicou os seguintes livro e revistas: *Trate-se pelo Yoga*; *Aforismos do Yóga*; *Sete Exercícios Especiais para combater o stress* (1997); *Manual do Yóga Clássico*; *Sete Revistas Planeta Especial abordando o Yóga*.

Neusa Maria Kutiansky de Araújo Santos

Neusa Maria Kutiansky de Araujo Santos nasceu em 1949 e faleceu em 2006, em Curitiba. Elaborou o primeiro projeto para um curso sequencial em Yoga aprovado pelo Ministério da Educação do Brasil. Esse curso foi implantado nas Faculdades Integradas Espírita em Curitiba, funcionando até os dias atuais. Dessa forma, ela contribuiu para introduzir o Yoga na universidade brasileira, sendo, também, a primeira coordenadora do referido curso.

Era uma mulher culta, elegante e andava sempre muito bem vestida.

Carlos Eduardo Gonzales Barbosa

Outra pessoa que conheci, por volta de 2015, foi o meu professor de sânscrito, Carlos Eduardo Gonzales Barbosa. Com ele, estudei o sânscrito mediante aulas online. Consegui aprender os fundamentos desse idioma, conseguindo escrever palavras e frases corretamente. O mais difícil são as declinações.

Resumidamente, Barbosa foi: professor na empresa Sanskritforum.org; escritor e professor na empresa Carlos Eduardo Gonzales Barbosa; professor na empresa Instituto Naradeva Shala; professor na empresa André De Rose Yoga; coordenador de Assistência Social na empresa Subprefeitura Perus; coordenador de Assistência Social na empresa Prefeitura Municipal de São Paulo; assessor parlamentar na empresa Câmara Municipal de São Paulo. Estudou na instituição de ensino Centro de Estudos de Yoga Narayana e Sânscrito na instituição de ensino Universidade de São Paulo.

José Hermógens de Andrade Filho

No final da década de 1970, em um Congresso de Parapsicologia acontecido na cidade do Rio de Janeiro, conheci o José Hermógenes de Andrade Filho, juntamente à sua esposa, Maria. Fizemos amizade, que perdurou até 13 de março de 2015, data do seu falecimento aos 94 anos de idade, e uma grande simpatia mútua nasceu entre nós. A convite, foi, por várias vezes, dar palestras em Manaus. Tenho alguns dos seus livros com dedicatórias muito afetuosas. Pelo correio, em 1979, me enviou de presente o seu famoso livro *Yoga para Nervosos*. Ele percebeu que eu estava tendo problemas de natureza emocional na época, daí o envio do referido livro. Sua leitura em muito me ajudou, no que se refere ao aprendizado das técnicas ali expostas. Estivemos juntos em outras ocasiões, como por exemplo, na Montanha Encantada, localizada em Garopaba, Santa Catarina. Ali, um trabalho espiritual na linha do Yoga se desenvolve sob a direção de Josep Lepage e sua esposa. Nessa ocasião Hermógenes me ensinou muito sobre a humildade. Certa ocasião, eu, enfermo dos rins, Mario Amaral Machado e sua esposa, Maria Gloria Liz Machado, estivemos em seu apartamento na Praia de Botafogo, e lá cantamos mantras e fizemos orações pela minha cura. Foi uma grande delicadeza do casal Hermógenes e Maria para comigo. Na Montanha Encantada, conheci também o seu neto Thiago Leão, que atualmente dirige a sua Academia de Yoga por ele denominada de Salão das Sete Janelas, no Rio de Janeiro, capital. Estivemos juntos em várias palestras e congressos, especialmente em Curitiba. Ele carinhosamente me chamava de "Conterrâneo", pois somos do Rio Grande do Norte. Ele costumava contar algumas piadas interessantes e leves. Aprendi muito com ele. Foi um homem de Deus!

Maria Augusta Erich de Menezes

Meu primeiro encontro com o Yoga ocorreu em Manaus, quando conheci uma senhora chamada Dona Maria Augusta Erich de Menezes, ou simplesmente Dona Maria Augusta. Pelos seus trabalhos sociais em cidade próxima à Brasília, ficou conhecida como "Maria do Barro". Em Manaus, ela tinha uma Academia de Yoga a qual frequentei no início da década de 1970, por sugestão de pessoa amiga. Ela era, na época, uma mulher em torno dos 70 anos. Conhecia bem as técnicas do Hatha Yoga. Era uma pessoa sábia e calma. Era um verdadeiro furacão no trabalho de ajuda aos necessitados. Ela me ensinou muito, principalmente a compaixão e o amor ao próximo, que, na época, eram um pouco deficiente em mim. Além disso, ensinou-me também algumas técnicas do Hatha Yoga que ajudaram a me sentir melhor, em relação a alguns problemas de saúde que eu tinha na época. Lembro-me de uma pessoa que ela curou de sinusite, usando uma técnica de Prânayâma, descrevendo para mim e para um grupo de pessoas, como tudo ocorreu.

Dona Maria Augusta Erich de Menezes (Maria do Barro)[74]

---

[74] https://www.correiobraziliense.com.br/app/noticia/cidades/2019/05/03/interna

Horivaldo Gomes

Horivaldo Gomes é Yogaterapeuta e professor de Yoga há 30 anos. É presidente da Associação Nacional de Yoga Integral (ANYI) e da Federação de Yoga do estado do Rio de Janeiro. É autor de vários livros, como *Práticas do Yoga, Yoga Integral – o Yoga da Nova Era, Purna Yoga, Gotinhas de Luz* e *Magia das Velas*. Recebeu sua iniciação no Yoga Integral (Purna Yoga), em Pondicherry, no Sri Aurobindo Ashram, na Índia.

Ministra no Recife os cursos de Formação em Yogaterapia e Formação de Instrutores de Yoga Integral. Uma vez por mês realiza atendimentos em Yogaterapia.

Horivaldo Gomes[75]

Isaltina de Araújo e Silva

Outra pessoa que conheci em Manaus, uma discípula de Maria Augusta, foi a Isaltina de Araújo e Silva, conhecida como Professora Isa, uma das primeiras pessoas por meio de quem conheci o Yoga. Ela leciona Yoga até os dias atuais. Conversávamos muito na sua academia. Ela é uma pessoa cheia de compaixão, sempre pronta a ajudar os mais necessitados. Nossas

---

[75] http://portalfloresnoar.com/floresnoar/nova-turma-do-curso-de-formacao-de-instrutores-de-yoga-com-horivaldo-gomes/

conversas eram sempre longas e, à noite, ela me ensinava suas experiências de vida. É uma pessoa que havia obtido conquistas valiosas no Yoga, sempre simples e humilde. Fui seu aluno de Hatha Yoga na sua academia e, com ela, muito aprendi sobre as técnicas do Yoga.

Caio Miranda

O General Caio Miranda foi oficial do Exército Brasileiro e, no final da década de 1950, foi membro da Sociedade Teosófica no Brasil. Militar de personalidade forte e controvertida, também era, ao mesmo tempo, muito carismático e suave. Nessa época, como literatura teosófica, lia muito sobre filosofia, ocultismo e Yoga. Fazia parte da Escola Esotérica (Escola Interna da Sociedade Teosófica) e não se sabe até hoje quem foi o seu mestre. Como autodidata, começou a se interessar pelo Raja Yoga após ler um livro de Ramacharaca, intitulado *As 14 Lições da Filosofia Yogi*.

Participou de uma palestra sobre Yoga dada por Swami Sevananda e, desde então, começou a dar aulas de Yoga e a formar professores.

Aprendeu a fazer exercícios respiratórios e depois que entrou para a Reserva, começou a dar aulas de Raja Yoga em sua própria casa. Em 1960, Caio Miranda escreveu o primeiro livro em Língua Portuguesa sobre Yoga, *A Libertação Pelo Yoga*, introduzindo a prática de Laya Yoga e Hatha Yoga além do Raja Yoga.

Ele fazia diferença entre "Yôga" e "Yóga", afirmando que o primeiro era a filosofia e o segundo era a prática física (Hatha Yoga), como documentado no livro *Hatha Yóga: a Ciência da Saúde Perfeita* (p. 26 da edição publicada em 1962 pela Editora Freitas Bastos).

Criou um método próprio, à base de exercícios respiratórios, ásanas de resistência, seguidas de um relaxamento induzido, feito em uma prancha inclinada. Como um bom militar, era rigoroso na execução correta das posturas. A sua técnica de Laya Yoga induzia a uma sedação da emotividade e cessação da atividade mental, uma valiosa prática para superar transtornos excitatórios e depressivos da mente.

Mesmo sem ser formado dentro de alguma linhagem por algum mestre reconhecido, formou os primeiros instrutores de Yoga no Brasil, que abriram sucursais (franquias) do Instituto de Yoga Caio Miranda em vários estados do país e até fora dele.

Entre os professores brasileiros, podemos citar Maria José Marinho (Belo Horizonte), Isolda Meyer Pslung (São Paulo) e Neusa Veríssimo (Fortaleza).

Ele Introduziu o Yoga como profissão, ao contrário da direção mística e monástica de Sevananda Swami.

Fumante inveterado desde os 12 anos de idade, varava as noites escrevendo e fumando. Morreu de câncer de pulmão, em 1969, aos 60 anos.

Após a sua morte, sua filha, Leda Miranda, não quis administrar as sucursais e fechou o negócio. Todas as filiais, ou foram fechadas, ou tiveram seus nomes alterados.

General Caio Miranda[76]

---

[76] https://www.youtube.com/watch?v=d6R5nxOZSgk

Sevanada Swami

Em 1947, Sêvánanda Swámi, um francês de nome Léo Costet de Mascheville, criador do Sarva Yoga, apresentou seus ensinamentos em um Congresso no Rio de Janeiro, assistido também pelo brasileiro Caio Miranda.

Sevananda Swami[77]

Sêvánanda era um líder natural que arrebatava os corações e mentes. Com seu carisma, viajou por várias cidades dando palestras e criou um grupo de discípulos em Lajes, Santa Catarina.

Em 1953, ganhou um terreno de 12 hectares em Resende, Rio de Janeiro, onde, com ajuda da sua esposa, Mestra Sadhana, de seu discípulo Sarvananda (George Kriti-kós) e de Vayuānanda (Ovidio Juan Carlos Trotta), fundou, em 1950, um centro esotérico denominado AMO-PAX (Associação Mística Ocidental-PAX), um ashram de Sarva Yoga e um Mosteiro Essênio, compartilhando o mesmo espaço.

Com Sêvananda aprenderam Yoga todos os instrutores da velha guarda, que lecionavam na década de 1960. Ao considerar sua obra bem alicerçada e concluída, o Mestre Sêvánanda recolheu-se para viver em paz

[77] https://www.sarvasananda.com.br/?op=conteudo&id=151&menuid=260

seus últimos anos. Todos quantos o conheceram de perto guardam-lhe uma grande admiração e afeto. Viveu seu último e breve período de vida quase totalmente isolado do mundo e dos seus discípulos.

A Igreja Expectante foi fundada em 17 de agosto de 1919 na cidade de Buenos Aires, República Argentina, por seu primeiro Patriarca, Cedaior, que atendia pelo nome civil Visconde Alberto Raymond Costet de Mascheville. Após sua morte, em 22 de janeiro de 1943, assumiu como 2º Patriarca seu filho e sucessor, Sri Sevananda Swami, de nome civil Leo Alvarez Costet de Mascheville. Em 1953, Sevananda transferiu a Sede Internacional da Igreja Expectante para o Brasil, com sede legal e foro na cidade de São Sebastião do Rio de Janeiro.

Sevanada Swami escreveu um livro intitulado *Yo que caminé por el mundo...*, o qual contém a síntese de sua doutrina pessoal, reeditado em português por seus discípulos no Brasil.

No Teatro Carlos Gomes, Rio de Janeiro, Sevananda anunciou, perante mais de 1.500 pessoas, convidadas individualmente, a criação da Ordem dos Sarva Swãmis. Os dias eram longos no ashram: começam às quatro da madrugada e terminavam após longo trabalho, às 21 horas, ou mais tarde ainda, com o direito a uma hora de sono a mais aos domingos. O aprendizado era vigoroso sob a atenção de quem sabe o que faz. Treinamentos da Via de Gurdjieff revezavam-se com as práticas da via do Suddha Dharma, com treinamentos e práticas Martinistas, danças dos derviches Sufis, e exercícios de budismo zen.

O ashram de Resende encerrou suas atividades em junho de 1961. Foi em Lajes onde o Mestre escreveu sua principal obra, *O Mestre Philippe, de Lyon*, em quatro volumes, que hoje é considerado uma obra rara.

Terminada esta tarefa (edição dos quatro volumes), Sevananda transferiu sua vida para a cidade de Belo Horizonte, onde se fechou o círculo de sua vida, passando a se ocupar com alguns dos seus mais próximos e sobrevivendo materialmente com a venda de apólices de seguro e da importação de objetos ornamentais, trazidos da Argentina.

As últimas semanas foram de grande sofrimento, a sua doença avançando rapidamente. Durante esse breve tempo, Sevanada fez, certamente, a síntese de sua vida, preparando-se para a partida. Foi Sevananda Swami quem introduziu o Yoga no Brasil.

Swami Sarvanada

Nasceu em junho de 1922, na terra do Conde de Saint Germain, Transilvânia, de um pai grego e mãe romena, sob o signo de Aleph; seu número pessoal era sete e seu número de apoio 22. Aos 22 meses, sofreu de pneumonia dupla, tendo sido desenganado pelos médicos. Alguém veio então e condicionou a continuação de sua vida à promessa de dedicá-la "ao trabalho", ele aceitou, horas depois estava fora de perigo.

Até a adolescência, viveu isolado de conhecimentos no meio de povo simples do campo e dentro da natureza pura da região, sob a tutela do avô materno, junto aos carvalhos milenares e sob a mira dos picos dos cárpatos.

A facilidade das línguas, herdada do pai, permitiu-lhe falar três idiomas usados na região: romeno, húngaro e alemão, ajudando-o a adaptar-se mais facilmente aos países pelos quais passou e viveu.

Logo depois da Segunda Guerra, foi trazido pela tia materna para o Uruguai, onde reencontrou seu Mestre e amigo, Sevananda Swami, tornando-se discípulo e recebendo dele a iniciação, transmitida pelo adepto egípcio Ra Mak Otep. Chegou ao Brasil em 7 de dezembro de 1953, ingressou no ashram de Rezende – RJ, como residente número 7; em 22 de junho de1957, foi ordenado membro da Ordem dos Sarva Swamis de Sri Shankaracharya, por seu Mestre, que fundara a Ordem dos Sarvas Swamis em 02 de agosto de 1954, na ocasião, recebeu a bengala dos Sanyasins Sarvas. Em 7 de dezembro do mesmo ano, uniu-se em matrimônio, "dentro do serviço", com a residente Daya; e, em 20 de setembro de 1958, foi empossado por Sevananda, como seu sucessor e Sarvayogacharya da Ordem dos Sarvas Swamis.

Em 1958, fundaram, Sarvananda e Daya, o Instituto Juvenil de Yoga, dentro das terras do ashram de Resende, onde passaram a cuidar e a educar crianças abandonadas, até o fim das atividades do eremitério, em 1961.

Durante o período de atividades do ashram, Sarvananda foi encarregado *do Livro dos Símbolos Secretos* da OSA, assim como ajudou Sevananda nas atividades de ensino e orientação de seus discípulos dentro e fora do Ashram.

Sarvananda e Daya permaneceram residentes até o fim das atividades do ashram, em 1961, quando veio para Minas Gerais com sua família e uma rica bagagem de estudos, treinamentos e experiências em Sarva Yoga. Instalou em Belo Horizonte o primeiro Núcleo de Yoga Integral e o Instituto Árjuna de Yogaterapia, inicialmente na Rua Tupinambás, transferindo-se um ano depois para a Rua Goitacazes, 43, onde permaneceu por mais de 30 anos.

Ao longo desse tempo, desenvolveu mais pesquisas em Yogaterapia, beneficiando muitas pessoas incluindo dependentes químicos. Formou muitos professores de Yoga, diversos deles, atuantes até hoje.

A convite do professor Daniel Antipoff e sua esposa, D. Ottilia Braga Antipoff, assumiu a tarefa de preparar e orientar professores de Yoga na área de recuperação de excepcionais, no Instituto de Psicologia Aplicada de Minas Gerais (IPAMIG), na Rua do Ouro, 1900, com "excepcionais resultados", no período de 1960 a 1966.

Aos 51 anos, em 1973, viajou em peregrinação para a Índia, sem acompanhamento, passando por Bombaim, Delhi, Benares, Siriguri, Darjeeling, Calcutá e Dakshineswar, reencontrando em Benares e Sarnath seu próprio passado. Em Calcutá teve a revelação do rumo de sua vida que, sem duvidar, e a partir daquele instante, assumiu um novo posicionamento interior.

Encontrei Swami Sarvananda em algumas ocasiões, nas Faculdades Integradas Espírita, em Curitiba. Alí, ele proferiu algumas palestras assistidas por este autor. Seu verdadeiro nome era George Kritikós.

Gilberto Gaertner

Possui graduação em Psicologia (PUCPR), formação e aperfeiçoamento em Psicologia Corporal, Psicoterapia Somática Biossíntese, Integração Estrutural – Método Rolf, Sexualidade Humana e Psicologia do Esporte. Doutor em Estudos da Criança (Universidade do MINHO) com enfoque em Educação Física, Lazer e Recreação (Tese: "Processos Atencionais no Campo Esportivo"); mestrado em Engenharia de Produção (UFSC) com enfoque em Ergonomia (Dissertação: "Psicologia Somática Aplicada ao Esporte de Alto Rendimento"); professor no curso de Psicologia da Universidade Positivo (UP) e da PUCPR. Coordenador do Laboratório de Psicologia do Esporte da UP e da Comissão de Psicologia do Esporte. É presidente da International Traditional Karate Federation (ITKF). Atua em clínica com Psicoterapia Corporal, em Consultoria Organizacional e com Psicologia do Esporte. É presidente da Confederação Brasileira de Karatê Tradicional e campeão mundial de Karatê.

Gilberto Gaetner trabalhou com a "Caixa Orgônica", dispositivo criado por Wilhel Reich, como um método de tratamento psicológico em sua "Clínica Raizes". Ele é professor de Yoga desde o início da década de 1980. Realiza frequentes Workshops do Yoga em locais próximos a Curitiba.

Certa vez, Gilberto convidou-me para participar das suas aulas, que aconteciam na sua academia de Yoga. Foram momentos muito importantes para mim e para todo o grupo. Essas aulas eram sempre muito intensas, com frequentes experiências religiosas.

Gilberto também é uma pessoa muito especial, uma vez que conquistou vários graus na sua evolução espiritual. Até hoje, Gilberto realiza trabalhos espirituais. Ele é um mestre do Yoga muito conceituado em todo o Brasil e no exterior.

Professor doutor Gilberto Gaertner

Pedro Kupfer

Pedro Kupfer dedica-se ao Yoga desde os 16 anos de idade. Após uma longa e intensa viagem de estudos à Índia, junto à sua companheira, apresenta-nos seu novo livro, *Yoga Prático*. Estabeleceu o primeiro contacto com a filosofia do Yoga através de um workshop intensivo em 1983 com a professora indiana Swami Yogashakti, discípula de Swami Satyananda. Continuou a praticar com os professores do Satyananda Niketan, em Montevidéu, até se mudar para o Brasil em 1986.

De final de 1986 até Março de 1987 viajou para a Índia, residiu em Rishikesh, no Ram Ashram e praticou no Sivananda Ashram com o professor Rudra Dev, discípulo de BKS Iyengar. Na mesma viagem visitou diversos ashrams e institutos de Yoga no país. Residiu em França em 1987. Voltou para o Brasil em 1988 onde começou a ministrar cursos intensivos. Faz várias viagens para ministrar cursos e participar de congressos de Yoga em Portugal, França, Argentina e Uruguai entre 1990 e 1996.

Entre 1990 e 1996 organizou o Festival de Yoga, em Saquarema, Rio de Janeiro, com professores e participantes convidados de Portugal, Argentina, Uruguai e Brasil. Em Janeiro de 1998 voltou para a Índia, onde fez práticas intensivas na Bihar Yoga Bharati, em Munger, Bihar. Residiu até Julho do mesmo ano no Omanand Yogashram, em Indore, ocasião em que recebeu iniciação no ritual do fogo. De Fevereiro a Abril de 2001 estuda Ashtanga Vinyasa Yoga no Ashtanga Yoga Nilayam, em Mysore, dirigido por Sri K. Pattabhi Jois.

Pedro teve por guia espiritual o sábio vedântico hindu Swami Dayananda, falecido em 2015.

Praticante de esportes aventureiros, tais como: escalada e surfe, Pedro Kupfer nasceu em Montevideu, em 1966. Ele escreveu e traduziu vários livros sobre Yoga, além de integrar o conselho editorial das revistas, como o Prana Yoga Journal e Cadernos de Yoga, que deixou de ser publicado. Edita o website yoga.pro.br, veículos especializados nessa disciplina. Viaja à Índia anualmente para continuar seus estudos. Morou na Praia de São Sebastião, na Ericeira no litoral oeste de Portugal. Ele segue o regime alimentar vegetariano. Morou também em Florianópolis e Mariscal, em Santa Catarina.

No Brasil Pedro publicou os seguintes livros, dentre outros: *Uma tradução do Hatha Yoga Pradipikâ* (2002); *História do Yoga* (2000); *Mudrá – gestos de poder* (1999); *Dicionário de Yoga* (2001); *Yoga Prático*; *Visões do Yoga*.

Danilo Forghuieri Santaella

Graduado em Educação Física (bacharel) pela Universidade de São Paulo (1996), mestre (Fisiopatologia Experimental – 2003) e doutor em Ciências da Saúde (Pneumologia –2011 – CAPES 6), ambos pela Faculdade de Medicina da Universidade de São Paulo. Tem pós-doutorado em Neurofisiologia pela Psicobiologia da Universidade Federal do Rio Grande do Norte (2013). Atualmente realiza novo estágio de pós-doutorado em Eletrofisiologia e Neuroimagem no Hospital Israelita Albert Einstein e é professor de Yoga do CEPEUSP e do Espaço Mahananda – Yoga e Ayurveda. Além disso, ministra aulas de Anatomia e Fisiologia em cursos de capacitação em Yoga no Instituto de Ensino e Pesquisa em Yoga. Possui linha de pesquisa direcionada para a interação corpo-mente, com especial foco na influência das práticas de Yoga. Suas investigações abordam os seguintes temas e variáveis: yogaterapia, relaxamento, exercícios respiratórios, exercício físico, EEG, potencial evocado, envelhecimento cerebral, pressão arterial, variabilidade da frequência cardíaca, estresse, qualidade de sono e qualidade de vida.

Este autor conheceu pessoalmente o Danilo Forghire Santaela em janeiro/fevereiro de 2006, em uma viagem que fizemos à Índia.

À esquerda, o autor e Danilo Forghiere Santaela à direita[78]

---

[78] Foto do autor.

REFERÊNCIAS

ÂRANYA, Swami Harirarânada. **Yoga Philosophy of Patañjali with Bhâsvatî**. Calcuta: Universirsity of Calcuta, 2000.

BAZARIAN, Jacob. **O Problema da Verdade**. São Paulo: Símbolo, 1980. p. 39-40.

DESIKACHAR, T. K. V. **O Coração do Yoga**. São Paulo: Jaboticaba, 2007.

DONINGER, Wendy; SMITH, Brian K. **The Laws of Manu**. London, 1991. p. 10-20; 234-250.

FEUERSTEIN, Georg. **A Tradição do Yoga**. São Paulo: Pensamento, 2001. p. 467.

MANSON, Paul. **O Mahashi**. Rio de Janeiro: Nova Era, 1997.

MARJANOVIC, Boris (trad.). **Abhinavasgupta's Commentary on the Bhagavad Gita (Gita Samgraha)**. Indika. Delhi. 2002.

SADHU, Mouni. **Dias de Grande Paz**. São Paulo: Pensamento, 1981. p. 38-40.

SARADANANDA, Swami. **Sri Ramakrisha** – O Grande Mestre. Rio de Janairo: Edição e Tradução Particular de Leda Marina Bevilaqua Leal (3 vol), 2008.

TAIMNEI, I. K. **A Ciência do Yoga**. Brasília: Teosófica, 1996. p. 19-24.

YOGANANDA, Paramahansa. **Autobiografia de um Yogue Contemporâneo**. São Paulo: Summus Editorias, 1971. p. 1.

ANEXO

YOGA SUTRA DE PATAÑJALI

I-Samâdhi Pada

1.1. Eis agora, a exposição sobre o Yoga (atha yoganushasanam)

1.2. Yoga é a inibição dos modificações da mente (Yoga chitta vritti nirodhah)

1.3. Neste estado, o vidente está estabelecido em sua própria natureza original

1.4. Nos outros estados, existe a assimilação do vidente às outras modificações da mente

1.5. As modificações da mente são de cinco tipos e são dolorosas e não dolorosas

1.6. Elas são conhecimento correto, conhecimento errôneo, fantasia, sono e memória

1.7. O conhecimento correto nasce das cognições sensoriais, da inferência e no testemunho da autoridade reconhecida

1.8. Conhecimento errôneo é uma concepção falsa de algo, cuja forma real não corresponde à tal concepção errada

1.9. Uma imagem evocada por palavras, sem base em nenhuma substância é a fantasia.

1.10. A modificação da mente baseada na ausência de qualquer conteúdo, é o sono.

1.11. A memória é a tentativa de dar continuidade a uma experiência, mesmo depois que o acontecimento tenha passado.

1.12. A supressão das modificações da mente é obtida pela prática constante do desapego.

1.13. A prática (Abhyasa) é o esforço para permanecer firmemente estabelecido nesse estado (onde cessam as atividades da mente).

1.14. A prática se torna firmemente estabelecida quando realizada de modo prolongado, ininterrupto e com reverente devoção.

1.15. A consciência do perfeito domínio (dos desejos) no caso de alguém que tenha deixado de ansiar por objetos vistos e não vistos, é Vairâgya.

1.16. Este é o mais perfeito Vairâgya, no qual, devido ao percebimento do Pu-rusha, cessa o mais leve desejo pelos Gunas.

1.17. O Samprajñata Samâdhi é aquele que é acompanhado por raciocínio (Vitarka), reflexão (Vicâra), da bem aventurança (Ananda), e do sentido de puro ser (Âsmita).

1.18. No outro caso (Asamprajñata Samâdhi), ocorrem apenas os resíduos da passado (Samskaras); ele surge pelo esforço sem interrupção.

1.19. Isto é atingido pelos sem corpo (videha) ou pelos que se dissolveram na natureza (Prakrit-Laya).

1.20. Isto também é obtido pelo pela fé, pela energia, pela recordação, pela União (Samâdhi) ou pela sabedoria (Prajña).

1.21. O Samâdhi está próximo para aqueles que possuem um impulso intenso.

1.22. Seu tipo é determinado pelo impulso ser fraco, médio ou forte.

1.23. E também pela introjeção (Pranidhana) em Ishvara.

1.24. Ishvara é um Purusha particular que não é atingido pelas fontes de perturbação (Kleshas), pelas ações (Karma) e suas conseqüências e pelas impressões geradas por essas ações.

1.25. Nele está a perfeição da semente (bija) de toda a sabedoria.

1.26. Não estando condicionado pelo tempo, Ele foi o instrutor até mesmo dos Antigos.

1.27. Sua designação é o Om.

1.28. Ele deve ser repetido com a compreensão do seu significado.

1.29. Daí resulta o desaparecimento dos obstáculos e a orientação da consciência para o interior.

1.30. Doença, desânimo, indecisão, irregularidade, interesse pelo mundo, visão errônea, desvio do objetivo e instabilidade causam a distração da mente e são os obstáculos.

1.31. Sofrimento, desespero, nervosismo e respiração irregular são os sintomas de uma condição mental dominada por distrações;

1.32. Para remover esses obstáculos deveria haver a prática constante de uma verdade ou principio.

1.33. A mente torna-se clara pelo cultivo de cordialidade, compaixão pelos sofredores, alegria e indiferença diante da felicidade, miséria, virtude e vício, respectivamente.

1.34. ou pela expiração e retenção da respiração (Prânâyâma).

1.35. Ou pela concentração de uma atividade da mente em um objeto fazendo mente se estabilizar.

1.36. Ou também quando a mente se fixa naqueles que estão livres do apego.

1.37. Ou pensando naqueles que estão libertos.

1.38. Ou através dos conhecimentos obtidos através dos sonos e dos sonhos.

1.39. Ou meditando sobe sobre algo que o interesse.

1.40. Sua maestria estende-se desde o átomo mais ínfimo até a grandeza infinita.

1.41. Quando as atividades da mente foram controladas, ocorre a absorção recíproca do conhecedor, do conhecimento e do conhecido, como no caso de uma jóia transparente colocada sobre uma superfície colorida.

1.42. Savitarka Samâdhi é aquele em que o conhecimento baseado somente em palavras, o conhecimento real e o conhecimento comum baseado na percepção sensorial ou no raciocínio, estão presentes em um estado de mistura e a mente passa, alternadamente, de um para o outro.

1.43. Na clarificação da memória, quando a mente perde sua natureza essencial, por assim dizer, e somente o conhecimento real do objeto brilha através da mente, Nirvikalpa Samâdhi é atingido.

1.44. Dessa maneira (como foi dito nos dois sutras anteriores), Samâdhis Asvicâra e Nirvicâra foram explicados.

1.45. Quando o sutil é ultrapassado, atinge-se aquilo que não tem sinais distintos.

1.46. Esses estágios que correspondem ao objetos sutis, constituem o Samâdhi com semente (Sabija Samâdhi).

1.47. Ao alcançar a pureza máxima do estágio de Nirvikara Samâdhi, dá-se o alvorecer da luz espiritual.

1.48. Nesses estágios, a consciência é portadora de Verdade e Retidão.

1.49. O conhecimento baseado em inferência ou testemunho é diferente do conhecimento direto, obtido nos mais elevados estados de consciência (I.48), porque está confinado a um objeto particular.

1.50. As impressões produzidas pelo Sabija Samâdhi obstrui o caminho de outras impressões (Samskaras).

1.51. Com a supressão até mesmo daquelas impressões (Samskaras), e pela supressão de todas as atividades da mente, surge o Samâdhi em Semente (Nirbija Samâdhi).

III-SÂDHANA PADA

2.1. Austeridade, estudo próprio e entrega a Ishvara constituem o Kriya Yoga.

2.2. O Kriya Yoga é praticado para atenuar os Kleshas e produzir o Samâdhi.

2.3. As perturbações (Kleshas) são cinco: Ignorância (Avidyâ), individualismo (Asmita), paixão (Raga), aversão (Dvesha) e apego (Abhinivesha).

2.4. Ignorância é o campo de onde brotam todas as outras, sejam elas latentes ou vivas, bloqueadas ou vigorosas.

2.5. A ignorância é confundir o eterno com o impermanente, o puro com o impuro, o agradável com o desagradável, o Eu com o não Eu.

2.6. O individualismo é a identificação entre aquele que observa e o poder da visão.

2.7. A atração que acompanha o prazer é a paixão.

2.8. A aversão se baseia na fuga à dor.

2.9. O apego é o forte desejo de viver que domina até mesmo os eruditos ou sábios.

2.10. Quando sutis, os Kleshas (perturbações) podem ser superadas pelo movimento oposto.

2.11. As perturbações ativas devem ser suprimidas pela meditação.

2.12. A raiz do Karma está nessas perturbações e causam toda espécie de experiências, na vida presente e nas futuras.

2.13. Enquanto existir essa raiz, haverá desfrute de nascimentos, vidas, experiências.

2.14. Elas terão alegria ou tristeza como seu fruto, conforme sua causa seja virtude ou vício.

2.15. Para quem desenvolveu o discernimento, tudo é miséria por causa da dor resultante das mudanças, ansiedades, e tendências bem como, dos conflitos que permeiam o funcionamento dos Gunas e dos movimentos da mente (Vritts).

2.16. O sofrimento que ainda não chegou pode e deve ser evitado.

2.17. A causa daquilo que deve ser evitado é a união do vidente com o visto.

2.18. A visão existe para ter vivencia da luz, da atividade, da inércia, dos objetos, dos órgãos, do Eu.

2.19. Os Gunas apresentam-se determinados ou indeterminados, dotados de características e sem características.

2.20. O vidente é pura consciência, mas, apesar de puro, ver através da tela conceitual da mente.

2.21. O objetivo daquilo que é observado (Prakritî) é apenas o benefício do Eu (Âtman).

2.22. Embora o que é observado torne-se não existente para aquele cujo propósito foi alcançado, continua a existir para os outros, por ser comum a todos além dele.

2.23. O propósito da união de Purusha e Prakritî é a conscientização, pelo Purusha, de sua verdadeira natureza e do desenvolvimento dos poderes inerentes a ele e à Prakritî.

2.24. A causa dessa união de Purusha com Prakritî, e a falta de percebimento por parte do Purusha, da sua real natureza.

2.25. A dissociação entre Purusha e Prakritî, resultante da dispersão de Avidyâ, é o verdadeiro remédio e esta dissociação é a Libertação do vidente.

2.26. A prática ininterrupta do percebimento do Real, é o meio para a dispersão de Avidyâ.

2.27. Em seu caso (do purusha), o mais elevado estágio de iluminação é alcançado em sete estágios.

NOTA: Os sete estágios são: 1-sabe-se do que fugir, ou seja, do sofrimento futuro; 2-as causas do sofrimento foram cortadas; 3-percebeu-se diretamente por Samâdhi, esse rompimento; 4-o conhecimento discriminativo foi cultivado; 5-caiu a autoridade da mente inferior e estabeleceu-se o predomínio da mente superior, a Budhi; 6-os Gunas se equilibram; 7-o Eu se isolou e ilumina-se a Si próprio.

2.28. Da prática dos oito membros que compõem o Yoga, da destruição das impurezas, brota a iluminação espiritual que evolui para o percebimento da Realidade.

2.29. Esses oito membros são os seguintes: as abstenções (Yamas);as obrigações (Nyamas), as posturas (Asanas);o controle da respiração (Prânâyâmas);a inversão dos sentidos (Pratyahara);a concentração (Dhâra- na;a meditação (Dhyâna) e a União (Samâdhi).

2.30. As abstenções (Yamas) são: Não ferir (Ahimsa);ser verdadeiro (Satya); não roubar (Asteya);não ser sensual (Brahmacharya) e só ter o necessário (Aparigraha).

2.31. Este é o Grande Voto (Mahâvrata),que se aplica a todos os seres,s em distinções de nascimento, lugar, tempo ou ocasião.

2.32. As obrigações (Nyamas) são: pureza (Shauca);contentamento (Santosha); ascetismo (Tapah); estudo próprio (Svâdhyâya) e a introjeção em Ishvara.

2.33. Quando a mente é perturbada por pensamentos impróprios, a constante ponderação sobre os opostos é o remédio.

2.34. Considerar uma violência (Himsa), seja ela realizada, estimulada, concebida ou aprovada, seja proveniente da cobiça, cólera ou desejo, seja fraca, média ou forte, leva ao sofrimento, ignorância e traz erros sem fim. Por essa razão, existe a necessidade de ponderar sobre os opostos.

2.35. Estando o yogue firmemente estabelecido na não violência, deixa de existir hostilidade em sua presença.

2.36. Estando firmemente estabelecido na veracidade, o yogue controla as ações e as suas conseqüências.

2.37. Estando firmemente estabelecido no não roubar, todas as riquezas se tornam acessíveis para o yogue.

2.38. Estando firmemente estabelecido em não ser sensual, o vigor é adquirido.

2.39. Estando firmemente estabelecido em só ter o necessário, surge o conhecimento do "como" e do "porque" da existência.

2.40. Da pureza física, surge a repulsa pelo corpo e a indisposição para o contato físico com outros.

2.41. Por esta prática, obtém-se também a pureza da Satva, disposição ao contentamento, atenção concentrada, controle dos sentidos e a aptidão para ver o Eu (Âtman).

2.42. Pelo contentamento, obtém-se a mais elevada forma de felicidade.

2.43. Pelo ascetismo, obtém-se a eliminação das impureza e a perfeição do corpo e dos órgãos.

2.44. Pelo estudo próprio, surge a união com a deidade desejada (Ishta-De-vata).

2.45. A conquista do Samâdhi vem pela introjeção em Ishvara.

2.46. A postura (Asana) deve ser estável e confortável.

2.47. Pelo relaxamento do esforço e meditação no "Infinito", a postura é dominada.

2.48. Então, a dualidade não produz dificuldade.

2.49. Tendo tendo sido realizado, segue-se o Prânâyâma, que é a cessação de inspirar e expirar.

2.50. A atividade da mente (Vritt) é controlada dentro e fora, determinada em relação ao lugar, ao tempo e ao número, alongada e sutil.

2.51. O Prânâyâma que vai além da esfera do interno e do externo é a quarta.

2.52. A partir disso, desaparece o que encobre a luz.

2.53. E a mente se unifica pela concentração.

2.54. Em Pratyahara ou abstração, é como se os sentidos imitassem a mente, retirando-se dos objetos.

2.55. Segue-se então, o completo domínio dos sentidos.

IV-VIBHÛTI PADA

3.1. Concentração é o confinamento da mente dentro de uma área mental limitada (objeto de concentração).

3.2. O fluxo ininterrupto da mente na direção do objeto escolhido, é a meditação.

3.3. O Samâdhi ocorre quando subsiste apenas o significado, e o vazio da sua natureza própria (da mente), brilha por si mesmo.

3.4. Os três, em conjunto, constituem o Samyama.

3.5. Pelo seu domínio (de Samyama), surge a luz da consciência superior.

3.6. A aplicação de Samyama se dá por etapas.

3.7. Os três são membros internos em relação aos precedentes.

3.8. Mesmo o Sabija Samadhi é externo em relação ao sem-semente (Nirbija Samâdhi).

3.9. A restrição das atividades da mente (Nirodha) se torna mais elevada quando há um gradativo desaparecimento dos resíduos do passado (Samskaras) e o surgimento de um hábito de restrição da mente.

3.10. Então os resíduos do passado não impedem um fluxo harmonioso (da mente).

3.11. O Samâdhi Parimana é aquela transformação que consiste no desaparecimento gradual das distrações com o simultâneo surgimento da unidirecionalidade da mente.

3.12. A fixação da mente em um ponto (unidirecionalidade) se estabelece quando a atitude é indiferente e imutável.

3.13. Assim, as substâncias, as transformações, as propriedades dos objetos e dos órgãos podem ser experimentados de forma semelhante.

3.14. O substrato é aquele no qual as propriedades – latentes, ativas ou não manifestadas – são inerentes.

3.15. A causa das transformações e diferenciações é a mudança por sucessão.

3.16. Pela aplicação de Samyama aos três tipos de transformações (Nirodha, Samâdhi e Ekagrata), o conhecimento do passado e do futuro é obtido.

3.17. O som, seu significado oculto e a sua ideia (presente na mente no momento) apresentam-se juntos em um estado confuso. Aplicando Samyama no som, eles (o som, seu significado e sua ideia) separam-se e surge a compreensão do significado dos sons emitidos por qualquer ser vivo.

3.18. Pela percepção direta dos resíduos (do passado-Samskaras), obtém-se o conhecimento do nascimento anterior.

3.19. (Pala percepção direta, através de Samyama) da imagem que ocupa a mente (é obtido) o conhecimento da mente dos outros.

3.20. Obtém-se o conhecimento direto, pelo interior dos objetos.

3.21. Aplicando Samyama sobre a forma do corpo, separa-se a luz dos olhos e há a supressão da sua visibilidade para os outros.

3.22. Pelo que foi dito antes, pode ser compreendido o desaparecimento do som, etc.

3.23. O Karma é de dois tipos: ativo e dormente. Aplicando Samyama a eles é obtido o conhecimento da hora da morte e também, aplicando (Samyama) aos presságios.

3.24. Aplicando Samyama à amizade, etc., produz-se o fortalecimento.

3.25. Aplicando Samyama à força dos animais, obtém-se a força de um elefante.

3.26. (Aplicando Samyama) sobre a luz interna, obtem-se o conhecimento do sutil e do distante.

3.27. O conhecimento do sistema solar se obtém pela aplicação de Samyama ao sol.

3.28. Aplicando Samyama à lua, obtém-se o conhecimento em relação à configuração das estelas.

3.29. Aplicando Samyama à estrela polar, obtém-se o conhecimento dos seus movimentos.

3.30. Pela aplicação de Samyama à roda do umbigo, obtém-se o conhecimento da organização do corpo.

3.31. Pela aplicação de Samyama à garganta, obtém-se a cessação da fome e da sede.

3.32. Aplicando Samyama ao Kurma Nadi (localizado na garganta), obtém-se a imobilidade.

3.33. Aplicando Samyama à luz sob a coroa da cabeça, obtém-se a visão dos seres que atingiram a perfeição.

3.34. (Aplicando Samyama) sobre a inteligência (obtém-se) o conhecimento de todas as coisas por intuição.

3.35. Aplicando Samyama sobre o coração, obtém-se o percebimento da natureza da mente.

3.36. Embora Purusha e a luz (Satva) não se misturem, a experiência é o resultado de sua reunião, pois existe para o seu benefício. Aplicando Samyama sobre si próprio vem o conhecimento do Purusha.

3.37. Disso vem uma inteligência, uma audição, um tato, uma visão, um olfato e um paladar superiores.

3.38. Esses poderes (Sidhis) são prejudiciais à obtenção do Samâdhi em uma pessoa difusa (com a mente voltada para fora).

3.39. A mente pode entrar no corpo de outro por meio do relaxamento das li- gações e também o conhecimento da estrutura da mente.

3.40. Pelo domínio de Udâna obtém-se a levitação e a libertação do contato com a água, o lodo, os espinhos etc.

3.41. Pelo domínio de Samâna obtém-se o domínio do fogo gástrico.

3.42. Pela aplicação de Samyama à relação entre o éter e a audição, obtém-se a audição superfísica.

3.43. Pela aplicação de Samyama à relação entre o corpo e o éter e, ao mesmo tempo, produzindo a fusão da mente com algo leve como o algodão, obtém-se o poder de viajar pelo espaço.

3.44. A atividade externa (Vritt) sem pensamento é a grande saída do corpo. Por ela, afasta-se aquilo que recobre a luz.

3.45. Praticando Samyama sobre os estados da matéria, suas características, suas formas mais sutis, suas conexões e suas funções, adquire-se o poder sobre os elementos.

3.46. Daí, vem o poder de adquirir qualquer forma (Animam), grande ou pequena e uma estrutura indestrutível.

3.47. Beleza, compleição excelente, força e solidez adamantina constituem a per- feição do corpo.

3.48. O domínio sobre os órgãos dos sentidos, vem pela aplicação de Samyama sobre seu poder de cognição, sua verdadeira natureza, seu "senso de individualidade", sua total penetrabilidade e suas funções.

3.49. Daí (resultam) cognição instantânea, sem a utilização de qualquer veículo e o completo domínio sobre o controle das substâncias.

3.50. Somente pelo percebimento da distinção entre Satva e Purusha é obtida a supremacia sobre todos os estados e formas de existência (onipotência) e o conhe- cimento de tudo (onisciência).

3.51. Pelo desapego até mesmo a isto (aos Sidhis referidos no sutra anterior) e sendo destruída a própria semente da escravidão, Kaivalya é alcançada.

3.52. Se surgir um convite de seres espirituais, evite o orgulho e o apego, pois isso é uma conexão com o indesejável (com o mal).

3.53. Aplicando Samyama sobre os momentos e sua sequência, vem o conhecimento descriminativo.

3.34. Daí advém o conhecimento da distinção entre os similares que não podem ser distinguidos por classe, características ou posição.

3.55. Esse conhecimento discriminativo liberta do tempo, do espaço, da suces- são.

3.56. Kaivalya é alcançada quando há igualdade de pureza entre o Purusha e Satva.

V. KAIVALYA PADA

4.1. Os poderes paranormais (Sidhis) são o resultado do nascimento, plantas, Mantras, austeridades ou pelo Samâdhi.

4.2. A transformação em uma nova forma de vida é efetuada por um afluxo da natureza.

4.3. A causa instrumental não dirige a natureza, mas dela se origina a seleção de possibilidades, como faz o cultivador do campo.

4.4. A produção da mente procede da sua individualidade.

4.5. A mente (natural) dirige ou move mentes (artificiais) em suas diferentes atividades.

4.6. Dessas, a mente nascida da meditação é livre de impressões.

4.7. No caso dos yogues, os Karmas não são nem brancos nem pretos (nem bons nem maus) e no caso das outras pessoas, eles são de três tipos.

4.8. Dentre essas tendências, somente se manifestam aquelas para as quais as condições sejam favoráveis.

4.9. Os resíduos (do passado - Samskaras), como a memória, não se apagam, mesmo quando bloqueados pelo nascimento, pelo lugar e pelo tempo.

4.10. Não existe um começo para eles, pois o desejo de viver é eterno.

4.11. Eles desaparecem quando se eliminam as relações entre causa e efeito, substância e fenômeno.

4.12. O passado e o futuro existem em sua própria forma, pela distinção entre os caminhos dos deveres (Dharmas).

4.13. Eles, manifestos ou sutis, são da natureza dos Gunas.

4.14. Embora os princípios (Tatvas) sejam vários, há uma unidade na transformação.

4.15. Embora o objeto seja único, diferentes mentes o percebem de modos di- versos.

4.16. Se um objeto dependesse apenas de uma mente e não fosse conhecido por ela, como ele poderia existir ?

4.17. Um objeto será ou não conhecido, em conseqüência da mente ser ou não, colorida por ele.

4.18. As modificações da mente são conhecidas por seu dono, em razão da imutabilidade do Purusha.

4.19. Ela (a mente) não brilha por si mesma, porque tem a natureza do que é visto.

4.20. Além do mais, nem é possível funcionar das duas maneiras (como aquele que percebe e como aquele que é percebido) ao mesmo tempo.

4.21. Se a mente pudesse contemplar a si mesma, haveria uma consciência (Budhi) da consciência e haveria uma confusão das lembranças.

4.22. O conhecimento da sua própria natureza, através da autocognição (é obtido) quando a consciência assume aquela forma na qual não muda de lugar para lugar.

4.23. A mente colorida pelo Conhecedor (isto é, pelo Purusha) e não pelo Conhecido é oniabrangente.

4.24. Embora a mente possua inúmeras tendências (Vâsanas), ela existe para o proveito de um outro (Purusha) ao qual está unida.

4.25. A cessação do desejo de permanecer na consciência do Âtman vem para aquele que percebeu a distinção (entre a mente e o Purusha).

4.26. É então que, na verdade, a mente inclina-se para o discernimento e se encaminha em direção a Kaivalya.

4.27. Nos intervalos, ainda aparecem outros conteúdos, devidos aos resíduos do passado (Samskaras).

4.28. Sua remoção, como a dos Kleshas, consegue-se como foi descrito.

4.29. Para aquele que discerne tudo e não é mais perturbado por nenhum interesse, resta o Samâdhi das Nuvens do Dever (Dharma Megha Samâdhi).

4.30. Então, segue-se a libertação dos Kleshas e Karmas.

4.31. Para aquele que se libertou de todas os obstáculos, aquilo que pode ser conhecido se torna insignificante diante do conhecimento infinito (obtido com a Iluminação).

4.32. Tendo os três Gunas cumprido o seu objetivo e o processo de mudanças (dos Gunas) chega ao fim.

4.33. Por fim, percebe-se as mudanças e a sucessão dos instantes em um momento.

4.34. Na Libertação Espiritual (Kaivalya), os Gunas retornam à sua origem, já não tendo mais utilidade para o Purusha. E o poder da consciência (Chitti-Shakti) se estabelece na sua forma própria.